diez segundos zen

ERIC MAISEL

diez

segundos

zen

DOCE INVOCACIONES
PARA ENCONTRAR CALMA, PROPÓSITO
Y FORTALEZA

Traducción de María Laura Saccardo

Urano
Argentina – Chile – Colombia – España
Estados Unidos – México – Perú – Uruguay

Título original: *Ten Zen Seconds*
Editor original: Ixia Press, un sello de Dover Publications, Inc.
Traducción: María Laura Saccardo

1.ª edición: mayo 2025

Copyright © 2007, 2018 by Eric Maisel
Esta edición está publicada en virtud de un acuerdo con Dover Publications
a través de International Editors & Yáñez Co' S.L.
All Rights Reserved
© de la traducción 2025 *by* María Laura Saccardo
© 2025 *by* Urano World Spain, S.A.U.
Plaza de los Reyes Magos 8, piso 1.º C y D – 28007 Madrid
www.edicionesurano.com

ISBN: 978-84-18714-93-1
E-ISBN: 978-84-10495-86-9
Despósito legal: M-6027-2025

Fotocomposición: Urano World Spain, S.A.U.

Impreso por: Liberdúplex, S.L. – Ctra. BV 2249 Km 7,4
Polígono Industrial Torrentfondo – 08791 Sant Llorenç d'Hortons (Barcelona)

Impreso en España – *Printed in Spain*

Para Ann, como siempre.

Índice

1

Introducción
a los Diez Segundos Zen

En este libro te enseñaré una técnica de centramiento que es casi milagrosa. Realizando las pausas de diez segundos que te presentaré, podrás mejorar notablemente tu capacidad de centrarte, conseguirás más calma y fortaleza, y mejorará tu vida de forma radical. Te sorprenderá saber que una estrategia tan transformadora pueda lograrse en períodos tan breves, pero ¡es posible! Cientos de clientes y voluntarios han utilizado esta técnica para centrarse, calmarse y serenarse mientras estaban parados en un atasco, esperando en la consulta del dentista, a punto de grabar un álbum o preparándose para hablar con un hijo adolescente. Todos ellos son testigos de que esta técnica funciona.

La técnica de los diez segundos tiene dos componentes: respiración y pensamiento. Consiste en utilizar una sola respiración profunda para contener un pensamiento específico. Se empieza por practicar la respiración profunda hasta poder sostener una inhalación de cinco segundos y una exhalación de cinco segundos. Solo se tardan unos minutos en aprender a hacerla. Después se introduce un pensamiento en esa respiración, la mitad en la inhalación y la otra mitad en la exhalación. Aprender esto también requerirá poco tiempo. En una tarde te puedes familiarizar con el programa detallado en este libro.

Si la técnica de los diez segundos suena sencilla, es porque lo es: es fácil de entender, practicar, utilizar y dominar. Aun así, aporta profundos beneficios. Con ella podrás hacer cosas que antes parecían demasiado dolorosas o difíciles de lograr. Podrás tranquilizarte o centrarte antes de una reunión o conversación importante. También cambiará tu actitud frente a la vida: de pesimismo a optimismo, de postergación a esfuerzo, de preocupación a tranquilidad. Estos son los beneficios que te esperan.

Adoptaré una palabra del mundo de la magia, «invocación», para describir esta unión de respiración y pensamiento. Una invocación es un ritual en el que se recita un encantamiento para generar un efecto mágico, y esos serán exactamente nuestros métodos y objetivos. Sus efectos mágicos serán un centramiento y una calma instantáneos, y el ritual consistirá en respirar de cierto modo y sostener un determinado pensamiento durante períodos de diez segundos. Los encantamientos serán los pensamientos específicos que te enseñaré, un total de doce invocaciones.

Espero que te tomes con cierto escepticismo las promesas que estoy haciendo. Por favor, ¡aférrate a ese escepticismo! De ese modo, cuando veas que los diez segundos de centramiento funcionan, te resultará aún más mágico.

Unir Oriente y Occidente

Gracias a prácticas orientales como el yoga y la meditación, conocemos la importancia de los conceptos hermanos de respiración consciente y *mindfulness* (atención plena). La respiración consciente consiste simplemente en prestar atención a cómo respiramos y recordarnos hacerlo más profundo de lo habitual. Con las prisas de la vida, nuestra respiración se vuelve superficial, ya que el ruido mental nos impulsa a avanzar sin parar. Aquejados por lo que los budistas llaman «mente de mono» (la mente preocupada, necesitada, ambiciosa, ansiosa e inconsciente de una persona normal), caemos en el hábito automático de respirar de forma superficial.

Cuando mantenemos esta respiración superficial para evitar ser conscientes de nuestros propios pensamientos, se genera un círculo vicioso. En el fondo de la mente, sabemos que si hiciéramos una pausa y respiráramos hondo, seríamos conscientes de nuestros pensamientos y sabríamos demasiado sobre lo que estamos pensando en realidad. Por temor a que eso nos altere, nos aseguramos de no respirar hondo.

Si estuviéramos dispuestos a practicar esa respiración profunda y consciente, adquiriríamos más consciencia. Comenzaríamos a ver nuestros propios engaños, que lo que consideramos como hechos son solo opiniones, que nuestras formas de operar habituales suelen sabotearnos y que el dolor, el resentimiento y la decepción corren por nuestro sistema. Por lo tanto, es mucho más sencillo procesar la atención plena como una idea abstracta que tolerarla en el plano real. El *mindfulness* nos permite saber cómo funciona nuestra mente en realidad, lo que puede resultar aterrador.

Utilizaré una forma muy simple de respiración consciente como elemento central de los Diez Segundos Zen. No habrá ningún componente esotérico, ni tendrás que soportar largas meditaciones, ni hacer distinciones entre vaciar la mente y concentrarte. Lo único que harás es aprender y practicar una sola respiración profunda, más larga y plena de lo habitual. Eso es todo lo que reutilizaremos de la práctica oriental para comenzar la transformación hacia la atención plena y el centramiento.

Del pensamiento occidental he rescatado conceptos básicos de la terapia cognitiva, cuya idea principal es que lo que nos decimos a nosotros mismos (nuestras conversaciones internas) es la principal forma de perpetuar nuestros problemas, defensas, defectos y bloqueos. Si logramos cambiar nuestro parloteo interno, lo que habremos conseguido será algo más profundo y sustancial que el mero hecho de realizar alteraciones lingüísticas inofensivas.

Las doce invocaciones que te enseñaré son como los «pensamientos alternativos» en terapia cognitiva. Un terapeuta cognitivo (y yo lo soy) te enseña a identificar el diálogo interno negativo, a confrontar el pensamiento erróneo y a crear un nuevo lenguaje alternativo que apoye tu intención de avanzar en cierta dirección. Aprendes a identificar tus formas de pensamiento distorsionado características y a crear pensamientos alternativos que, en forma y contenido, son iguales a las afirmaciones. Estas son las nociones centrales de la terapia cognitiva en las que se apoyan los Diez Segundos Zen.

Los diez segundos de centramiento no requieren una práctica completa de meditación formal, ni un tratamiento completo de terapia cognitiva. He hecho ese trabajo por ti al presentarte las doce invocaciones a las que podrías haber llegado tú a través de la meditación, la autorreflexión, el dolor y el sufrimiento. Por ejemplo, al enseñarte la invocación de «no espero nada» y explicarte por qué es importante dejar ir las expectativas, pero no los sueños u objetivos, te presentaré una idea a la que podrías haber llegado tras años de intensa práctica. Esa práctica ya la he hecho por ti, y puedes aprovechar sus beneficios.

No se trata de un atajo ilegítimo. El sufrimiento está sobrevalorado. Prefiero que cambies tu vida en un día y no en una década, y espero que estés de acuerdo. Espero que coincidas conmigo en que te has ganado tus medallas al mérito por sufrimiento y que es legítimo aprender rápido una forma de centrarte que te funcione antes que llegar a ella estudiando todo lo que Oriente y Occidente tienen que ofrecer.

Estar descentrado

Las palabras «centrado» y «descentrado» son útiles para ayudarnos a dividir nuestras experiencias en aquellas que queremos nutrir y aquellas que deseamos evitar. Preferiríamos sentirnos menos dispersos, caóticos, distraídos, ansiosos, nerviosos, irritables e intranquilos. Nos gustaría poder optimizar nuestros recursos internos, enfocar nuestra atención, tomar decisiones firmes y actuar cuando se requiere. Nos encantaría sentirnos más enraizados, centrados y tranquilos. La gente entiende estas distinciones sin necesidad de explicaciones; sin embargo, hasta que te tomes el tiempo para describir tu propia experiencia de descentramiento por escrito, no tendrás una imagen personal clara. Hazlo ahora mismo. Tómate unos minutos y describe cómo te sientes cuando te descentras.

Veamos lo que opinan algunos clientes y voluntarios de estudios. Jessica, una pintora, explicó: «Cuando me siento descentrada, me siento caótica, fragmentada e incapaz de avanzar. Hay una sensación ominosa de fracaso inminente y un agudo sentido de parálisis». Linda, una trabajadora social, describió este estado indeseable de la siguiente manera: «Cuando estoy descentrada, me siento desequilibrada, como si no pudiera enderezarme. Siento que busco algo, pero estoy completamente perdida. A veces, mi descentramiento se manifiesta en forma de desorientación, confusión o, lo peor de todo, desconexión de mis emociones».

Annie, una poeta de los Ozarks, describió su experiencia metafóricamente: «Voy flotando por un río tranquilo, observando los pájaros, maravillándome de la belleza de los acantilados de piedra caliza, cuando, en una curva del río, me atrapa un remolino. En la fuerza del vórtice, mi autoestima se desgarra. Giro tan rápido que no puedo concentrarme. Me digo: "Si remas, puedes salir de esto". Y me respondo: "No puedo remar lo suficientemente bien, así que es inútil"».

¿Por qué es tan importante dejar de estar descentrados? Primero, porque tenemos accidentes que podríamos evitar, tanto mentales como físicos. Segundo, porque cuando estamos descentrados, hacemos cosas de las que nos arrepentimos, cosas que emergen de las partes oscuras de nuestra personalidad. Tomamos algunas de nuestras decisiones más importantes (casarnos, cambiar de carrera, mudarnos a una ciudad diferente) cuando estamos descentrados. Haz una pausa ahora y anota los errores que has cometido y los accidentes que te han ocurrido mientras estabas descentrado. Detenerte a pensar en estas experiencias dolorosas te recordará por qué le dedicas tiempo a este libro y te comprometes a aprender a centrarte.

Las soluciones tradicionales

La mayoría de la gente no sabe qué hacer para centrarse y solo espera y reza para que su ansiedad, agitación y confusión pasen por sí solas. Algunos intentan centrarse con sustancias químicas, arriesgándose a las adicciones, y logran algo muy diferente a la experiencia de centrarse. Una gran mayoría de la gente ni siquiera reconoce que está descentrada; acepta su estado acelerado, caótico y fracturado como algo normal, o lo malinterpreta como un estilo personal. Esas personas se consideran a sí mismas «ansiosas», «demasiado sensibles», «obsesivo-compulsivas», «aprensivas», etc., sin darse cuenta de que estar descentradas es un estado y no un rasgo de personalidad.

Al estar descentrados, solemos carecer de soluciones, poseer solo soluciones ineficaces o no ser conscientes del problema, y una minoría de la gente es consciente de que necesita centrarse e intenta practicar métodos saludables para hacerlo. Prueban la meditación, el yoga, el taichí y otras prácticas que comparten la premisa de bajar las revoluciones, reducir el ruido mental y lograr estar presentes. Las personas que prueban estos métodos casi siempre los consideran valiosos, pero también suelen comentar que estas estrategias, aunque útiles, son difíciles de mantener a lo largo del tiempo y de aplicar a situaciones de la vida real.

Barbara, una cantante de Chicago, se quejaba: «Practico taichí, yoga y *qigong* con regularidad, además de mi propia forma de meditación. Tengo rutinas que forman parte de mi día y que están diseñadas para mantenerme centrada y, actualmente, dedico tiempo cada noche a meditar y reflexionar sobre los eventos del día. Esto mantiene mi nivel general de estrés bajo y, aun así, no tengo una práctica mental a la que pueda recurrir cuando estoy realmente descentrada y necesito cambiar mi estado de ánimo al instante».

Las soluciones tradicionales suelen requerir tiempo —media hora escuchando un audio de relajación, quince minutos de posturas, veinte minutos calmando el ruido mental—, y no están diseñadas para usarse en público. No te ayudan a centrarte cuando tu jefe te lanza un nuevo proyecto sobre el escritorio, tu hija te dice que acaba de tener un pequeño choque con otro coche, o te sientes disperso y ansioso durante una reunión importante, excepto de una forma residual o acumulativa.

Leslie, una pequeña empresaria de Ontario, comentaba: «He creado varias meditaciones guiadas que utilizo ahora para tranquilizarme, para recuperar la confianza y traerme de vuelta al momento presente. Simplemente pongo música relajante y visualizo a través de una de estas meditaciones. Esto funciona de maravilla, pero me lleva al menos media hora y no siempre tengo tiempo. Me encantaría encontrar algo que me lleve a un lugar similar, pero que no requiera tanto tiempo».

Las soluciones tradicionales se quedan cortas por una razón aún más importante: no tienen un componente de pensamiento. Te ayudan a relajarte, a concentrarte, a calmar tus nervios y demás, pero no están diseñadas para ayudarte a superar tus dificultades para centrarte ofreciéndote un repertorio de pensamientos útiles. Necesitamos ciertos pensamientos para poder centrarnos, en concreto la docena de pensamientos que enumeraré en breve. Por ejemplo, necesitamos aprovechar el poder de la frase «me detengo por completo» cuando vamos por ahí a toda prisa. Debemos escucharnos a nosotros mismos decir «no espero nada» antes de una presentación importante para poder exponer nuestros puntos de manera clara, compasiva y poderosa. Frases de este tipo son componentes cruciales de un verdadero programa de centramiento.

Muchas personas se frustran al intentar usar soluciones tradicionales como el yoga o la meditación y concluyen que están condenadas a no sentirse nunca centradas. Lucinda, una pintora de Milwaukee, explicaba: «He probado muchas cosas, pero nada parece mantenerme

enfocada. A veces siento que estar centrado es algo que solo les sucede a unos pocos afortunados, mientras que el resto de nosotros estamos condenados a vagar aturdidos». Diez Segundos Zen termina con
esa frustración. Es rápido, efectivo, fácil de aprender y de adquirir.
Veamos sus dos componentes principales: la respiración y el pensamiento.

2

Respirar y pensar

Los «diez segundos» de la técnica de centramiento hacen referencia a una respiración de diez segundos que contiene un pensamiento específico. Lo primero que quiero es que te familiarices con cómo pasan esos diez segundos. Tómate un instante para observar el segundero en tu reloj de pulsera o de pared, experimenta los diez segundos, siente cada uno de ellos. Sé paciente y observador, y repite el proceso algunas veces hasta que tengas una percepción visceral de los diez segundos.

Lo que espero que notes es que diez segundos son una cantidad de tiempo considerable, incluso sorprendente. Es probable que te parezca más sustancial de lo que esperabas; cada uno de los segundos es una entidad independiente, claramente separada y distinguible del anterior y del siguiente. Cinco segundos, el tiempo transcurrido entre el uno y el dos en el dial, es una entidad definida, identificable por el diseño del dial en el reloj. Diez segundos, que transcurren entre el uno y el tres, también son una unidad definida.

La respiración estándar suele durar entre dos y tres segundos, algo que es normal, natural, automático y suficiente para mantenernos con vida. Y justo porque es natural y automática, no sirve para silenciar el ruido mental, para cambiar la percepción de una situación determinada ni para apoyar un cambio. Cuando tomas la decisión consciente de respirar más lento y profundo, avisas a tu cuerpo de que quieres que se comporte de otro modo; no solo cambias el patrón de respiración, sino que anuncias a todo tu organismo que iniciarás una relación diferente con tu cuerpo y tu mente.

Los diez segundos de respiración profunda del proceso de centramiento sirven para contener pensamientos específicos. Pero, antes de eso, son el mejor método disponible para dejar lo que estás haciendo y pensando. Si has estado haciendo algo compulsivo y dañino para ti mismo, este cambio en el patrón de respiración te dará la oportunidad de ser consciente de tu comportamiento. Si te has estado preocupando por algo de forma compulsiva, tomar una respiración profunda y larga interrumpirá el derrotero de tu mente y te permitirá afrontar tus pensamientos ansiosos.

Realizar una respiración larga y profunda es equivalente a detenerse por completo y es la clave para centrarse. Hay ciertas cosas que cabe tener en cuenta al respecto: la primera es si respirar por la nariz o por la boca. Sugiero inhalar y exhalar por la nariz, con los labios cerrados con suavidad. Al igual que con todas las sugerencias que doy, lo mejor es intentarlo algunas veces tal como lo presento antes de realizar cambios. Después de una cantidad razonable de intentos, puedes personalizar la respiración para que se adapte a tu estilo y fisiología.

La segunda consideración es si mantener los ojos abiertos o cerrados. Yo te sugiero cerrarlos para bloquear los estímulos visuales que te rodean. Esto aumentará los beneficios de la respiración profunda y, cuando añadas el pensamiento, te permitirá concentrarte en él sin distracciones. Puedes estar de pie o sentado, pero lo mejor es comenzar a practicar esta respiración en una silla, con los pies bien apoyados en el suelo.

La inhalación debe durar cinco segundos y la exhalación, otros cinco. Si has realizado prácticas tradicionales, sabrás que muchas indican concentrarse en la inhalación y dejar que la exhalación se encargue de sí misma, pero aquí sugiero dedicarles la misma concentración, ya que cada una contendrá «medio pensamiento» y necesitará atención. La inhalación será lenta y profunda, seguida de una pausa breve (que también es importante) y de una exhalación lenta, profunda y controlada. Practica hasta dominar esta respiración larga y profunda (inhalación y exhalación).

> Practica ahora. Realiza una inhalación larga y profunda durante cinco segundos y exhala durante otros cinco segundos. Repítelo varias veces.

Es bueno hacer un avance progresivo hacia una respiración larga y profunda, comenzando por algunas respiraciones preliminares hasta profundizarla. Con el tiempo, creo que esto será innecesario y que podrás pasar de tu patrón de respiración y pensamiento habitual a tus invocaciones de centramiento entre una respiración y la siguiente. Pero, por ahora, si hacerlo de forma progresiva te ayuda a llegar a una respiración larga y profunda, no dudes en realizar esas respiraciones a modo de calentamiento.

Las primeras veces que practiques esta respiración larga y profunda, notarás que te aceleras, o que la ansiedad o los pensamientos descarriados te impiden inhalar y exhalar con paciencia. Procura enfocarte en tranquilizar tu cuerpo y tu mente. Aconséjate sentir más calma, más paz y más concentración. Si tienes problemas para lograr una respiración larga y profunda, puedes intentar contar lentamente hasta cinco en la inhalación y hasta cinco en la exhalación; el conteo lento, sin prisas, debería llevarte a la inhalación y exhalación profundas que componen una respiración larga y profunda.

> Practica otra vez ahora. No sigas leyendo hasta que hayas «dominado» una respiración larga y profunda. Esa es la base de los Diez Segundos Zen y el único componente físico del programa. Si al principio te resulta difícil o extraño, sigue practicando. Llegarás a dominarlo si lo intentas de verdad.

Te doy la bienvenida ahora que ya has practicado. Espero que haya ido bien. Tan solo incorporar algunas respiraciones profundas a tu día te permitirá centrarte más. Por ejemplo, Sandi, un voluntario, explicó: «Recuerdo que cuando por fin aprendí a respirar de verdad (¡a los treinta y siete años!), supuso un gran cambio en mi vida. No había notado lo mucho que había estado soportando y lo tensa que era mi respiración. Ahora, seis años después, soy una persona mucho más relajada».

Lenore, una música, comentaba: «Este ejercicio me ha resultado fácil, ya que, hace muchos años, aprendí técnicas de respiración para controlar la ansiedad y el pánico. Ahora soy practicante e instructora de yoga, y sé que la respiración es la clave de todo y es lo primero que les enseño a mis estudiantes. He tenido que tomar varias respiraciones de limpieza/liberación antes de poder concentrarme de verdad en "una respiración larga y profunda", pero luego sentí la energía y el calor que recorrieron mi cuerpo».

Francine, abogada ambientalista, afirmaba: «Al principio me sentí algo mareada, así que comencé a contar tal como se sugiere, lo que desvió el foco del mareo. Hacia el sexto intento iba bien, pero deseaba saber qué iba a continuación. La práctica me impacientó y mi mente comenzó a decirme: "De acuerdo, lo tengo, ¿qué sigue? ¿Tengo que hacer lo mismo una y otra vez?". ¡Y supe que así es como afronto muchas cosas en mi vida!».

Tu tendencia a ir deprisa puede evitar que avances y domines este primer paso; no dejes que eso te desvíe al inicio. Lo único que debes hacer ahora es practicar la respiración profunda y sortear los obstáculos que la impidan, que pueden ser físicos (como mareos) o mentales (pensar que es tonto o aburrido). Supera estos obstáculos continuando con la práctica, dite a ti mismo: «Estoy dispuesto a darle una oportunidad de verdad». Si hay algún obstáculo que perdure, pregúntate por qué puede haber surgido y qué puedes hacer al respecto.

Respirar y pensar

En esencia, la técnica de los diez segundos de centramiento consiste en utilizar la respiración larga y profunda que acabas de dominar como el contenedor de un pensamiento específico. Consideremos dos tipos diferentes de pensamientos: «ventana de vitral colorido» y «estoy perfectamente bien». Una de las tareas que afrontas al insertar un pensamiento en una respiración larga y profunda es decidir cómo dividirlo para que se distribuya de manera natural y rítmica entre la inhalación y la exhalación. Descubrirás, por ejemplo, que «ventana de vitral colorido» se divide de manera más natural en «ventana de vitral» y «colorido», y que «estoy perfectamente bien» se divide de manera más natural en «estoy perfectamente» y «bien». Inténtalo y comprueba si estás de acuerdo.

La forma más natural de dividir una expresión no es hacerlo por la mitad según el número de sílabas, sino probándola y permitiendo que se divida como quiera. Por ejemplo, la expresión «un paseo rápido por el campo», no se divide fácilmente en dos mitades exactas según el número de sílabas. Como ejercicio, intenta dividirla para que encaje con comodidad en una respiración larga. Creo que descubrirás que se divide de forma natural en «un paseo rápido» en la inhalación y «por el campo» en la exhalación. Cualquier otra división parecerá extraña y forzada. Prueba con diferentes variaciones, como «un paseo rápido por» en la inhalación y «el campo» en la exhalación; apuesto a que se notará rara.

Un segundo desafío es insertar un pensamiento en esa respiración larga y profunda sin que vaya acompañado de una imagen. Al pensar, a veces vemos una imagen y a veces no. «Ventana de vitral colorido» es la típica expresión que evoca una imagen de forma natural. «Estoy perfectamente bien», en cambio, no tiende a evocar una imagen. Las invocaciones de centramiento que aprenderás son del segundo tipo y no deberías tener problema con «no ver» imágenes mientras respiras y piensas. Si eres una persona muy visual y

23

acompañas todos tus pensamientos con imágenes, tendrás que hacer un esfuerzo por «pensar sin ver». Parte del poder meditativo y centrador de esta técnica radica en la forma en que reduce los estímulos mentales y el desorden, incluyendo información visual innecesaria.

Ahora, practiquemos eso de respirar y pensar. Primero, practica la respiración larga y profunda. Luego inserta cada una de las expresiones que verás a continuación de modo que se dividan de forma natural entre la inhalación y la exhalación.

«Ventana de vitral colorido»
«Estoy perfectamente bien»
«Un paseo rápido por el campo»
«Soy un artista»
«Increíble»
«Una cena especial con mi mejor amiga y sus dos primos»
«Perro grande»
«Estoy tranquilo y satisfecho»
«Dos sapos y un cocodrilo»

Habrás notado algunas cosas, como que las palabras sueltas («increíble») y las frases cortas («perro grande») deben estirarse para cubrir una respiración larga. Por ejemplo, habrás pensado en «peeeeerro» en la inhalación y «graaaaande» en la exhalación. En cambio, una frase larga como «una cena especial con mi mejor amiga y sus dos primos» apenas puede comprimirse para encajar. Algunas frases pueden haberte sorprendido por su poder; otras, por su capacidad de hacerte sonreír.

Amanda, una reportera, explicaba: «He descubierto que si la frase era rítmica y podía dividirse por la mitad, era fácil. De lo contrario, me daba problemas. O aceleraba demasiado la respiración o mi mente se desviaba. Por ejemplo, pasé de la imagen de una ventana de vitral a otra hasta llegar a la catedral de Notre Dame. Y, sin darme cuenta, estaba pensando en comida y bebida francesas. Ha sido una fantástica estaba pensando en comida y bebida francesas. Ha sido una fantástica evasión, pero ¡no me ha centrado en absoluto!».

Dedica un poco de tiempo a practicar esta unión de respiración y pensamiento. Crea algunas frases propias e intégralas en una respiración larga y profunda. Aprende las sutilezas de dividir las frases para que se ajusten de manera natural y cómoda al contenedor que crea la respiración. Practica este proceso, disfrútalo y no sigas leyendo hasta que le hayas dedicado al menos unos minutos.

3

Las doce invocaciones

Ya estás listo para conocer las doce invocaciones. Cada una de ellas es un talismán independiente de centramiento que puedes utilizar según la situación en la que te encuentres, el problema que afrontes o tu caso de inestabilidad concreto. En este capítulo presentaré las invocaciones y luego las extenderé en detalle en capítulos sucesivos, aunque es probable que comprendas su significado y propósito de forma intuitiva al leerlas. Sea así o no, podrás aprender más sobre ellas conforme avancemos.

Utilizaré paréntesis para indicar cómo se divide cada invocación de forma natural. Ten en cuenta que la número tres se diferencia de las demás, ya que debes completarla con tu trabajo y pensarás algo diferente cada vez que la uses de acuerdo con el trabajo que quieras completar. Por ejemplo, si tienes que trabajar en una actuación porque eres cantante, la frase podría ser: «(Estoy listo/a) (para cantar)», o bien «(Esta audición) (saldrá estupenda)». Utilizo «(Hago) (mi trabajo)» para representar la idea de nombrar un objetivo específico cada vez que se utiliza la invocación.

Estas son las doce invocaciones:
1. (Me detengo) (por completo)
2. (No espero) (nada)

3. (Hago) (mi trabajo)

4. (Confío) (en mis recursos)

5. (Me siento) (apoyado/a)

6. (Abrazo) (este momento)

7. (Soy libre) (del pasado)

8. (Creo) (mi propio sentido)

9. (Estoy abierto/a) (a la alegría)

10. (Estoy a la altura) (de este desafío)

11. (Entro) (en acción)

12. (Regreso) (con fuerza)

Prueba estas invocaciones ahora. Pasa por los elementos de la lista despacio, incorporando cada frase en su propia respiración larga y profunda. Comienza con las respiraciones preparatorias para centrarte, respira y piensa la primera frase, «(Me detengo) (por completo)», y detente un momento para reflexionar antes de pasar a la siguiente. Tómate tu tiempo para sentir el poder de estas doce invocaciones.

Echemos un breve vistazo a las doce invocaciones describiendo cómo las ha utilizado una clienta. Jane, cantante, compositora y actriz, especializada en teatro musical, tenía algunas dificultades cuando recurrió a mí como *coach* creativo. Padecía miedo escénico, porque al haber crecido en una familia demasiado crítica, sentía ansiedad por la calidad de su voz y su incapacidad de reafirmarse, así que buscaba ayuda para centrarse antes de sus audiciones. Hemos recurrido a diferentes técnicas durante nuestro trabajo juntos, entre ellas los diez segundos de centramiento y las doce invocaciones, que Jane ha utilizado en situaciones de su vida real. Así es como las ha utilizado:

1. (Me detengo) (por completo)

Jane era consciente de que siempre iba acelerada, empalmando una actividad tras otra, y de que, al hacerlo, rara vez tenía tiempo para practicar para sus audiciones, ya fueran canciones o monólogos. Decidió utilizar la invocación «me detengo por completo» una vez al día, aproximadamente una hora después de llegar a casa del trabajo, para conectar consigo misma y ver si estaba lista para ensayar. La mayoría de las noches no lo estaba. Pero unas dos veces a la semana descubría que, al detenerse por completo, se abría una oportunidad que le permitía enfrentarse a sus miedos y ensayar. Después de unas seis semanas, sintió que su confianza crecía hasta el punto de poder volver a presentarse a audiciones. Jane también usó la Invocación 1 como una forma de «detener por completo» sus pensamientos acelerados y fuera de control justo antes de audiciones y actuaciones.

2. (No espero) (nada)

Jane se percató de que tenía la costumbre de presionarse demasiado al preocuparse por conseguir los papeles a los que se presentaba. Preocuparse tanto la descentraba y aumentaba mucho su nivel de ansiedad, lo que inevitablemente la llevaba a hacer una audición floja. Para interrumpir este ciclo vicioso, comenzó a usar la Invocación 2 para recordarse que su mejor opción era presentarse a audiciones «sin expectativas». Descubrió que, en el instante en que cerraba los ojos, practicaba la respiración profunda e insertaba la frase en una respiración larga y profunda, se sentía más tranquila y presente. También encontró útil usar la Invocación 2 antes de ver a sus padres, ya que la protegía contra la decepción y el dolor que inevitablemente sentía después de interactuar con ellos.

3. (Hago) (mi trabajo)

Jane notó que anunciar abiertamente que tenía tareas de interpretación por hacer y enunciarlo de manera positiva la ayudaba a empoderarse y tranquilizarse. Creó invocaciones personalizadas como «(estoy lista) (para cantar)», «(esta audición) (será excelente)» y «(estoy emocionada) (de actuar)», y las utilizaba a lo largo del día, incluso mientras estaba en su trabajo diario. Estas versiones de la Invocación 3 la han ayudado a mantener un estado de ánimo positivo y a contrarrestar los pensamientos negativos que siempre estaban listos para infiltrarse en su sistema. Si oía algo sobre el éxito de un actor y sentía envidia, o si no pasaba una audición, respiraba y pensaba: «(Mi trabajo) (es continuar)», una versión de la Invocación 3 que utilizaba cada vez más a menudo.

4. (Confío) (en mis recursos)

Jane sabía que, a pesar de estar preparada para actuar, casi nunca se sentía bien preparada, así que comenzó a utilizar la Invocación 4 para recordarse (y convencerse) de que, una vez preparada, debía confiar en sus habilidades y en su práctica y seguir adelante. También la utilizó para contrarrestar la sensación de tener todo en su contra, de que la industria era demasiado caprichosa y cruel, y de que no era una de las afortunadas que tenían buenos contactos. Reconoció que esas ideas, aunque fueran ciertas, no hacían más que amortiguar su energía y motivación, por lo que necesitaba bloquearlas y repararlas.

5. (Me siento) (apoyado/a)

Como muchas personas, Jane no podía poner en orden sus pensamientos y sentimientos contradictorios respecto a la espiritualidad, la religión y el sentido de la vida. Dudaba que creyera en algún dios, por lo que se autoconsideraba agnóstica, aunque no estaba segura de creerlo o sentirlo de verdad, ni tampoco podía imaginar un modo de aclarar sus pensamientos para llegar a una conclusión convincente. No le interesaba unirse a una nueva iglesia ni leer libros sobre sanación espiritual, así que decidió dejar eso en segundo plano. Al mismo tiempo, el universo le resultaba muy frío. Para contrarrestar esa frialdad, comenzó a utilizar la Invocación 5, que comenzó a funcionar como su principal práctica espiritual.

6. *(Abrazo) (este momento)*

Jane reconoció que, antes de las actuaciones, y en especial antes de las audiciones, a menudo se sorprendía soñando con estar en cualquier otro lugar. Sabía que ese era un pensamiento contraproducente e incluso irracional, ya que ella había sido instrumental en la elección de su carrera y había hecho todo lo posible para hacerse un hueco en el escenario. Sabía que quería «cambiar de opinión» sobre eso de no querer estar allí y comenzó a usar la Invocación 6 con ese propósito. Al utilizarla, podía tranquilizarse, aceptar que estaba justo donde quería estar y relajarse.

7. *(Soy libre) (del pasado)*

Cuando Jane consiguió un papel en una comedia musical y comenzó a ensayar su parte, que comportaba mucho baile, además de canto y actuación, se encontró bombardeada internamente con mensajes del pasado sobre su torpeza. Sus padres se habían reído de ella en su primer recital de danza, un recuerdo que aún la atormentaba. Sabía que era descabellado suponer que ser una bailarina torpe a los siete años significaba que no sabía bailar; sin embargo, nunca había superado la sensación de no servir para ser bailarina. Entonces, durante todo el proceso de ensayo, recurría a la Invocación 7 cuando había pensamientos y sentimientos negativos sobre su forma de bailar que amenazaban con descarrilarla.

8. (Creo) (mi propio sentido)

Jane notó que se había acostumbrado a cuestionar sus motivos para actuar y, al hacerlo, precipitaba serias crisis de sentido. Las dudas se presentaban con más frecuencia después de ver a sus padres, quienes nunca dejaban de recordarle que debería haber elegido una carrera más sensata. Ella se defendía ante ellos, pero llegaba a casa y se sentía muy deprimida. En ese estado sombrío, dudaba de sí misma y de sus elecciones. Antes no tenía una forma sencilla de afirmar que realmente creía en sus esfuerzos para encontrar sentido y que tenía la intención de respaldar sus elecciones. Luego, cuando comenzó a utilizar la Invocación 8 cuando sentía que su determinación flaqueaba o que una duda existencial se filtraba en sus pensamientos, le fue posible recuperar su centro de «sentido».

9. (Estoy abierto/a) (a la alegría)

De niña, Jane había experimentado la alegría muchas veces, incluso a través de actividades tan simples como mirar el cielo nocturno o nadar en la piscina del vecindario. Pero, de adulta, el gozo se había vuelto tan esquivo que dejó de esperar experimentarlo. Eso parecía ser lo que se esperaba de un adulto: renunciar a la alegría y conformarse con «no estar demasiado incómoda». Sin embargo, eso le resultaba tan inaceptable como conformarse con una vida sin amor o esperanza. Sabía que podía encontrar alegría en el momento presente con solo abrirse a ella y que también podía sentir gozo con la actuación. Una vez que supo que experimentar alegría la tranquilizaba y la centraba, y que era su trabajo abrirse a esa posibilidad, se comprometió a utilizar la Invocación 9 cada mañana y de forma regular a lo largo del día.

10. *(Estoy a la altura) (de este desafío)*

Vivir una vida con principios, manifestar nuestro potencial y cumplir nuestros objetivos y sueños supone un desafío. Jane tomó consciencia de que debía dejar de lado la esperanza de que las cosas fueran fáciles para evitar sentirse descentrada cuando no fuera así. Sabía que se estaba desafiando a sí misma al elegir actuar y poner a prueba su temple en un entorno tan competitivo como el mundo del espectáculo. Por lo tanto, tenía que afirmar que estaba a la altura de ese desafío, incluso si un día no se sentía o no creía estar a la altura. La Invocación 10 se convirtió en una afirmación centradora que usaba en momentos de apuro para recordarse a sí misma que tenía lo que se necesitaba para triunfar.

11. *(Entro) (en acción)*

Como muchas personas, Jane sabía que si se dejaba llevar por una forma de ser pasiva y pensativa, como solía hacerlo, se deprimía y se descentraba. Aunque sabía que entrar en acción —cualquier acción, como vestirse y salir por la puerta— solía animarla y la ayudaba a volverse a centrar, no había caído en lo importante que era actuar para combatir la ansiedad y la duda. Cuando hizo esa conexión, incorporó la Invocación 11 a su rutina diaria de inmediato, que utilizó para contrarrestar los sentimientos de tristeza y superar la procrastinación.

12. *(Regreso) (con fuerza)*

Jane comenzó a actuar en un musical en el que tenía que hacer muchas entradas y salidas, y cada nueva entrada le provocaba una oleada de miedo escénico, que comenzó a controlar usando la Invocación 12. Al anunciarse a sí misma que regresaba al escenario con fuerza, bloqueaba sus pensamientos ansiosos y se inoculaba contra su miedo principal: perder el control de su cuerpo (un miedo común entre los actores). También comenzó a usar la Invocación 12 como su principal invocación de «transición» a lo largo del día, en especial cuando regresaba del almuerzo y tenía que afrontar una larga tarde de trabajo rutinario.

Espero que la experiencia de Jane te dé una idea de cómo funciona el centramiento en diez segundos. Practica las doce invocaciones ahora unas cuantas veces. Considera cada una por separado y pregúntate: «¿Cuándo podría usar esta invocación?». Imagina situaciones de la vida real y visualízate usando una o varias de las invocaciones antes, durante o después de que suceda. Si te sientes listo, convierte esta práctica mental en una práctica real usando una o dos de las invocaciones en las situaciones que se te presenten hoy.

4

Invocación 1:
Me detengo por completo

Todos corremos de un lado a otro, arrastrados por nuestros múltiples deberes y responsabilidades. Hacemos demasiadas cosas y nos preocupamos demasiado. Muchos de nosotros también vivimos a un ritmo desenfrenado porque no queremos ver hasta qué punto no estamos viviendo la vida que esperábamos tener. En lugar de cumplir nuestros sueños, hacer un trabajo profundo y encontrar sentido, nos mantenemos en continuo movimiento a nivel mental y físico.

La única forma de dejar de correr es exigirnos dejar de hacerlo. Debemos ordenarnos parar. O llegamos a un parón total o seguimos avanzando acelerados hacia nuestra siguiente tarea, nuestra siguiente preocupación y nuestra siguiente depresión. La Invocación 1 sirve para hacer ese parón: «Me detengo por completo». Piensas «me detengo» en la inhalación, haces una pausa y piensas «por completo» en la exhalación. Solo entonces te detendrás de verdad.

Pero lo que buscas es la experiencia de llegar a una detención completa, no solo la de pensar unas palabras. Si esa afirmación no te detiene, la invocación no estará haciendo su efecto. Si no crees en la idea de detenerte por completo, si temes tanto detenerte que no lo dices en serio o si no puedes entender el concepto del todo, necesitarás hacer un trabajo preliminar para practicar cómo parar. Primero tendrás que aceptar la idea. Haz ese trabajo preliminar ahora mismo. Prepara una taza de té, encuentra un lugar cómodo para sentarte y enfréntate a la pregunta: «¿Tengo permiso para detenerme por completo?». Lucha con tu resistencia a hacerlo hasta que puedas decir con honestidad que estás de acuerdo en que detenerte es importante y sientas que estás a la altura de hacerlo.

Prueba la Invocación 1 ahora. Repítela algunas veces y luego anota los pensamientos y sentimientos que surgieron en ti cuando intentaste detenerte por completo. Puede que te hayas encontrado con tus miedos más oscuros, con tus mayores preocupaciones y decepciones. Puede que te hayas escuchado decir: «Necesito un trago», «odio esto», «tengo demasiado que hacer» o «esto es ridículo». Cuando eso suceda, reemplaza esos pensamientos por: «No tengo miedo a detenerme» y «ya era hora de que me detuviera». Convéncete de que detenerte por completo es vital para tu bienestar mental y físico. Después de tener esta conversación contigo mismo, repite la Invocación 1 unas cuantas veces y comprueba si de verdad puedes detenerte.

Cómo usar la Invocación 1

A continuación veremos algunos testimonios de clientes y voluntarios del estudio que han puesto en práctica la Invocación 1.

KATHERINE

Sé que el miedo me impide detenerme por completo. He pasado toda mi vida escapando, escondiéndome de mí misma y del trauma que he cargado desde la infancia. Mi propia existencia me recuerda ese trauma, por lo que escapo de mí misma. Pero escapar de novios, trabajos, apartamentos, actividades y de todo ya no es una buena solución. Eso debe cambiar, y es por eso que me he comprometido a utilizar la Invocación 1.

Si te detuvieras, ¿te acecharía el demonio de un recuerdo? ¿Puedes dejar ir o enfrentarte a ese miedo?

KRISTIN

Lo que suele impedir que me detenga por completo es la compulsión de «terminar las cosas» o la necesidad de escapar de algo difícil de afrontar. Después de utilizar la Invocación 1, siento un alivio increíble durante un momento, pero en poco tiempo me encuentro abrumada por todas las cosas que debo o quiero hacer. ¡Aún tengo mucho trabajo por delante!

¿Te sientes atrapado por estos mismos vicios, por la compulsión de hacer y por la necesidad de escapar de pensamientos y sentimientos difíciles? Imagina que la tenaza del primer vicio se abre despacio y deja ir la compulsión. Siente cómo la necesidad de hacer cosas se disipa y desaparece. Ahora imagina que la tenaza del segundo vicio se abre y tu necesidad de escapar desaparece. Visualiza en tu mente cómo te liberas de ese vicio que te impide detenerte por completo.

SAM

Interpreto esta invocación no solo como dejar de lado por un momento la interminable lista de cosas por hacer, del trabajo y de la vida diaria, sino como creer de verdad que el momento presente ya es bueno, sin necesidad de mejorarlo o alterarlo. Lo que evita que me detenga es la sensación de que la vida es una cinta de andar que se mueve cada vez más rápido y quedarme quieto me haría caerme. También tengo la sensación de que debería ser más de lo que soy, algo que se desvanece cuando lo examinas y ves que no tiene ningún fundamento ni significa nada.

¿Sientes que estás en una cinta de andar que no puede pararse? Con tranquilidad, imagínate en esa cinta de andar imparable. Siente cómo llegas al tablero de control y presionas el botón para disminuir la velocidad. Percibe cómo comienza a ir más lenta poco a poco, siéntelo de verdad. Siente que se detiene, baja con cuidado y sécate el sudor con una toalla.

GABRIELLA

¿Por qué evito detenerme por completo? La mayoría de las veces, lo que me lo impide es mi mente, que succiona todo a mi alrededor: mi esposo y sus cambios de humor, mi trabajo, los gatos, la ropa sucia, los mensajes y correos electrónicos por responder, acordarme de los cumpleaños de esa semana y esa clase de cosas. Pero, más que nada, no me detengo porque no quiero dejar de ser «yo», como si necesitara una cierta cantidad de atención psíquica necesaria para mantener mi identidad. Al utilizar la Invocación 1, muchas cosas de mi infancia han aflorado y he sentido el deseo de gritar. También me he preguntado: ¿Estamos seguros de que detenernos no es lo mismo que morir? Pienso que lo es, y a todos nos aterra la muerte. Por lo tanto, querer detenerse no parece ser algo fácil. Pero, un momento, la que dice eso es la parte de mí que se rinde con facilidad. Estas ideas surgen de una parte de mí de la que, supuestamente, no tendría que hablar. Es excelente y muy aterrador a la vez.

¿Sientes que «succionas» una cosa tras otra para mantener tu identidad? Sabes lo difícil que es despegar una ventosa una vez que se adhiere, pero si la giras con cuidado, sale sin esfuerzo. Imagínate girando con cuidado en lugar de tirar con fuerza. Libera una preocupación «succionada» tras otra hasta que nada te preocupe. Notarás que te has detenido —y que aún conservas tu identidad.

JODY

Detenerse por completo no significó nada para mí hasta hace dos años, cuando me mudé lejos de San Diego y de la vida que había creado allí; una vida frenética, infeliz, vacía e insatisfactoria. Por fin he tenido el valor de dejar un puesto de trabajo fijo con beneficios y plan de pensiones, pues sabía que, si me quedaba, no viviría para hacer uso de esa jubilación. Y aquí estoy hoy, viviendo en una cabaña construida en 1937. Mis días comienzan mirando por la ventana hacia el bosque con todos sus encantos: hermosos ciervos, conejos salvajes, coyotes y pinos. Para mí, detenerse completamente significa abrir las cortinas por la mañana y observar, escuchar, tener esperanza, rezar, reír, pero, más que nada, escuchar mi propia voz, de la que he desconfiado durante tantos años. Detenerme por completo significa confiar en la quietud, en la inactividad y en (casi) no pensar. Al utilizar la Invocación 1, siento que voy hacia mi interior o que, tal vez, me lleva a un lugar que no había visto antes. Por fortuna, me he preparado para eso durante los últimos dos años y estoy lista para detenerme. No creo haberlo estado antes.

Quizás, a diferencia de Jody, no llevas dos años preparándote para detenerte por completo. Tal vez estás aún muy lejos de la posibilidad de hacerlo. Imagina esa «gran distancia» como un espacio físico entre dos objetos, por ejemplo, entre dos grandes robles en un bosque. En tu mente, visualiza cómo la distancia entre esos dos robles se va reduciendo. Deja que la tierra se mueva y acerque esos robles tanto que sus ramas se toquen y se entrelacen. Siente cómo la distancia entre tú y tu disposición para detenerte por completo también puede disminuir solo con imaginar que está sucediendo.

TERESA

A pesar de no escucharlo, siento el avance de las manecillas de un reloj. Soy consciente de que el tiempo es un bien precioso, así que siempre intento conservarlo, aferrarme a él. Sé que es una mala forma de pensar y que no consideraría mi tiempo «perdido» si pudiera centrarme, así que seguiré practicando eso de detenerme… a pesar de sentir el temible avance de ese reloj.

Puedes contar los segundos o puedes dejar de contarlos. ¿Cuál es tu elección? Puedes quedarte a merced de ese reloj que no se oye o puedes desterrarlo deteniéndote por completo.

SUSAN

He luchado mucho conmigo misma para no pensar en detenerse como algo malo. Ahora, detenerme para mí implica entregarme, estar en el presente y dejar ir los pensamientos del pasado y el futuro. También implica estar en silencio, quieta y dentro de mi cuerpo. Pasamos gran parte del día «del cuello para arriba» y es a su vez impactante y dichoso regresar al cuerpo. Creo realmente que hay algo de cierto en la idea de que somos seres espirituales que intentan aprender a vivir en el cuerpo físico más que seres humanos que intentan aprender a ser espirituales. Detenerse es parte de todo ello.

Ahora transforma «detenerse por completo» de algo negativo en algo positivo.

DEB

Hace poco estuve enferma durante un mes. La Invocación 1 y mi enfermedad me han demostrado lo que significa detenerme por completo. Estar enferma me ha obligado a parar totalmente, pues no tenía opción. Cuando me sentí mejor, noté que «había vuelto» eso de tener la mente ocupada y querer tener mi cuerpo ocupado. Cuando estaba demasiado enferma para moverme, no podía hacer nada y el cielo no se cayó. No había ese parloteo de la mente de mono, ni actuaba de forma descentrada. Recuerdo pensar, al sentirme mejor, que todos los pensamientos de la mente de mono estaban consumiendo demasiada energía y se me ocurrió que tal vez, si no era así estando enferma, no tenía por qué ser así cuando me sintiera bien. La Invocación 1 me da el mismo mensaje desde el primer aliento.

El cielo no se caerá si te detienes unos segundos. Proponte creer eso. Regresa a la Invocación 1, repítela varias veces y experimenta el hecho de detenerte por completo.

5

Invocación 2:
No espero nada

Aunque es maravilloso y necesario tener metas, sueños, esperanzas y ambiciones, es un error mental y emocional tener expectativas. Desea tanto como quieras. Planea con tanta minuciosidad como desees. Esfuérzate al máximo. Pero no esperes nada. Si no esperas nada, tendrás una oportunidad de centrarte. Usa la Invocación 2 para ayudarte a recordar esta clave vital del desapego.

Tanto las expectativas razonables como las irracionales nos desequilibran y nos causan dolor. Piensa en cómo nos afectan las expectativas irracionales. Si ayer tu pareja estaba disconforme contigo por tu decisión de ser actriz y hoy también lo está, es irracional esperar que mañana esté feliz, que se alegre al escuchar que te fue bien en una audición o que conseguiste un papel codiciado en una obra. Solo te causará sufrimiento esperar que pueda compartir tu alegría cuando ya sabes que no está conforme con tu elección y con el hecho de que la desafías al seguir tus metas.

Podrías tener una charla con tu pareja, por si acaso pudierais abordar algo importante que inicie un cambio en su mente y su corazón. Podrías ignorar a tu pareja, dejarla, razonar con ella, o invitar a otra persona para intentar hacerla cambiar de opinión, entre otras cosas.

Pero no esperes que un día se despierte y se alegre porque eres actriz, porque seguro que eso te traerá sufrimiento. No puedes controlar cómo se siente tu pareja, y desear hacerlo es irracional y te descentra completamente.

¿Qué pasa con las expectativas razonables? ¿No es razonable, por ejemplo, esperar que haga sol durante tus vacaciones en la playa en una parte del mundo donde el sol brilla trescientos cuarenta días al año? Por supuesto que no controlas el clima, pero las estadísticas estarían a tu favor. Entonces, ¿por qué no esperar eso? Porque el universo no te debe que haga sol y no está obligado a proporcionártelo. Puede ser razonable esperar que el sol brille cuando llegues, pero al albergar esa «expectativa razonable», te preparas para tener una reacción emocional negativa en el caso natural de que ocasionalmente llueva.

No tienes con quién enfadarte, ni nada por lo que sentirte triste, si llegas y está lloviendo. Si te sientes triste y te enfadas porque pasarás tus escasas vacaciones anuales bajo la lluvia, eso será más bien un sentimiento de ira por cómo estás viviendo tu vida y de tristeza por la brevedad de tu tiempo libre que una reacción a la lluvia. Necesitabas que el sol brillara para justificar la manera en la que vives. Eso es lo que suele suceder con nuestras «expectativas razonables»: nos aferramos a ellas por razones ocultas. Es curioso pero cierto que intentamos asegurar la imagen que tenemos de nosotros mismos al esperar que el sol brille cuando llegamos al lugar de vacaciones.

Es mejor soltar la idea de que podemos controlar algo, porque tan pronto como dejamos de lado nuestro deseo de controlar, nos volvemos más honestos y conscientes —y, además, tenemos más control—. Al no aferrarnos a expectativas, incluso las razonables, comenzamos a obligarnos a vivir la vida de una manera más presente. La persona que necesitaba que el sol brillara estará triste todo el tiempo. La persona que puede estar presente en cualquier lugar y está en paz con sus decisiones de vida caminará por la playa bajo la lluvia y disfrutará de su paseo.

Es excelente y necesario tener la intención de ser un ser humano instrumental que crea su propio sentido. Al mismo tiempo, es importante no esperar nada. Aquí no hay paradoja. Decides escribir una novela excelente, pero sin esperar nada. Decides dedicar una gran cantidad de energía a tu nuevo negocio, pero sin esperar nada. Esperas y rezas para que tu nuevo álbum capture algo de tu reciente alegría y nuevas ideas musicales, pero sin esperar nada. Te esfuerzas al máximo en lo que haces, pero también te entregas. Por favor, no sigas adelante hasta que te quede clara esta distinción: al «no esperar nada» no estás «rindiéndote». ¡Nada más lejos de eso! Estás tomando la decisión de enfocarte en lo que debe hacerse en lugar de centrarte en los resultados.

Ahora practica la Invocación 2. Intenta captar su esencia y su significado.

A pesar de la brevedad obligada de este análisis, espero que percibas por qué es deseable «vaciarse de expectativas». Al hacerlo, no hay nada que controlar, sino tan solo vivir la vida de acuerdo con los principios que quieres manifestar y el trabajo que quieres lograr. No controlas tu hábito de beber, sino que tomas la honorable decisión de practicar la moderación y la sobriedad. No controlas el curso de tu novela, sino que trabajas en ella, guiando su dirección y rindiéndote a su lógica. No controlas a tus hijos, sino que los amas y los ayudas. No controlas a tu pareja. No controlas el tráfico al conducir al trabajo por la mañana. No controlas la mezquindad de tu madre ni el temperamento de tu padre. Renuncia a la idea de que puedes controlar cualquiera de esas cosas. En su lugar, opta por vivir según tus principios, haciendo el trabajo que has decidido que importa.

No te vacías de expectativas para convertirte en un monje desapegado, sino para vivir la vida que quieres. Vaciarnos es una forma de rendirnos a la existencia y una gran forma de alivio y liberación. Nos brinda mayor deseo, energía y presencia. Eso es lo que la Invocación 2 hará por ti.

Practica la Invocación 2 algunas veces más. Siente cómo funciona el hecho de exhalar «nada». Percibe si sientes un enorme alivio.

Cómo usar la Invocación 2

MARY

La Invocación 2 tiene todo el sentido para mí. Me recuerda al mensaje que transmiten los programas de doce pasos. Sé que en el pasado he estado muy centrada en los resultados: conseguir hacer todo lo necesario, conseguir sacar buenas notas, conseguir el nuevo empleo con mejor salario… conseguir, conseguir, conseguir. Una de las cosas más difíciles, pero necesarias, que he aprendido al cumplir los treinta y los cuarenta es que, por mucho que me engañe, en realidad no puedo controlar los resultados. Hay demasiadas variables: personas, eventos, incluso el clima. Y, de todos modos, a menudo ocurren cosas inesperadas como resultado del camino que tomo hacia un resultado concreto. Más a menudo de lo que me gustaría, resulta que no quiero los resultados que esperaba en un principio después de todo y sucede algo mejor. Vaciarme de expectativas significa aceptar que no puedo hacer que las cosas sucedan como quiero. La mayor parte del tiempo, si tengo paciencia y solo sigo la corriente, suceden cosas más interesantes de las que jamás hubiera imaginado. Sería una vida sosa si solo se hiciera mi voluntad.

¿Cuántas variables afectan a cada resultado? ¿Alguna vez te has detenido a hacer ese cálculo? Si lo hicieras, sabrías que debes esforzarte para aumentar las probabilidades de que algo te ocurra… y también para no esperar nada.

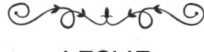

LESLIE

Recuerdo cuando mi primera novela fue rechazada por todas las editoriales a las que se la envié. Según decían, era mala escritora y mi trabajo no era aceptable. Después de lamentarme durante dos años, decidí continuar escribiendo «solo por diversión», sin intenciones de publicar mi trabajo. Al hacerlo, me relajé y disfruté de escribir un libro, y esta vez no se lo envié a una editorial, sino que una editorial vino a mí. Desde entonces, he intentado escribir con la idea de que si mis libros se publican, genial; de lo contrario, no me preocupo por ello.

¿De verdad puedes trabajar en un libro durante un año sin que te importe si será publicado o no? Sí, es posible. Haces todo lo posible por encontrar una editorial y, a su vez, no esperas nada. Lo primero es apego correcto; lo segundo, desapego correcto. Tómate unos minutos para trabajar en cómo lograr ambos, ya que uno no es nada sin el otro.

PAULA

Ayer sucedió algo curioso en el coche. Tenía algunas cosas que hacer en la ciudad e iba sonando un disco que amo, aunque no le estaba prestando mucha atención. Era un día soleado, soplaba una brisa ligera, el aire olía a lilas, los árboles y las plantas de la avenida estaban en flor y yo tenía una sensación de tranquilidad y alegría. En ese momento me encontré respirando hondo y pensando: «(No espero) (nada)». Mientras inhalaba despacio y exhalaba aún más despacio, me llenó una sensación de liviandad que me hizo muy feliz. Ha sido uno de esos momentos difíciles de explicar, pero puedo describirlo como alegre y relajado. Y lo atribuyo, al menos en parte, a la incorporación de las invocaciones de diez segundos a mi vida.

Deja que la Invocación 2 aparezca en tu mente mientras conduces, cocinas o cortas el césped. Permítete pensar y respirar al ritmo de «no espero nada» en momentos aleatorios como modo de tranquilizarte, desapegarte y centrarte.

LORI

Me ha ayudado a pensar en por qué incluso las «expectativas razonables» son un problema. Esta es una idea que no había escuchado antes y tiene mucho sentido para mí. La frase de «necesitas que el sol brille para justificar la manera en la que vives» me ha impactado y ha desencadenado una reacción en cadena de pensamientos. Ha sido un momento revelador, al igual que la frase de «tan solo vivir la vida de acuerdo con los principios que quieres manifestar». En lo más hondo de mi ser sé que este es el camino que hay que seguir, pero es muy difícil conseguirlo. Parece imposible darlo todo en lo que haces y, aun así, despreocuparte de los resultados. Esto es muy sensato y verdadero, pero supongo que esa es mi lucha: vivir de la manera que sé que es correcta y mejor para mí.

Esta es la lucha esencial: darlo todo en lo que haces y, aun así, despreocuparte de los resultados. Te esfuerzas mucho en tu investigación científica... y otro laboratorio publica los resultados primero. Intentas hacer el mejor producto posible... y uno de inferior calidad, pero con un nombre atractivo llega al mercado antes que el tuyo y lo condena. Si te acostumbras a no esperar nada, reducirás en gran medida tu tiempo de duelo cuando sucedan estas tragedias.

BARBARA

Tengo una historia que viene al caso. Un amigo y yo vamos a la costa cada verano durante cinco días y, por supuesto, siempre rezamos para que nos haga buen tiempo. Un año se pronosticó que llovería todo el tiempo, pero decidimos que no nos importaba y que encontraríamos alguna manera de entretenernos. No solo tuvimos mejor clima del que esperábamos, sino que descubrimos nuevos lugares y cosas que hacer, y acabamos pasándolo muy bien… ¡mucho mejor que quedarnos sentados en el apartamento alquilado, lamentándonos todo el día porque no era el clima de playa perfecto!

¡Eso es! ¡Esa es la idea!

SANDY

Recientemente contacté a alguien a quien he querido entrevistar durante bastante tiempo. Envié la solicitud y me prometí que no me obsesionaría, que solo enviaría la solicitud y esperaría. Me ayudé a hacer esto utilizando la Invocación 2 varias veces. Un día después, él se puso en contacto conmigo. Estaba encantada. Y aún más, estaba feliz de no haber agonizado pensando en si él respondería o no, y de haber podido centrarme en otras cosas. A medida que leía los aprendizajes sobre cada paso, las invocaciones se volvían más significativas para mí. En mi caso, ahora se trata menos de practicar la respiración y el pensamiento y más de entender lo que significa centrarse en realidad. Veo que durante mucho tiempo he necesitado aprender esto.

Sueña, pero no esperes nada. Desea, pero no esperes nada. Ten esperanzas, pero no esperes nada. Libérate de tu necesidad de controlar y logra un control verdadero.

6

Invocación 3:
Hago mi trabajo

La Invocación 3 es la más interesante y compleja de todas. Cada vez que la uses, inserta una nueva frase que designe algún trabajo que esperas realizar. Nombrar tu objetivo a conciencia tiene un gran poder de centramiento, ya que, al hacerlo, refuerzas tu intención y creas un plan sencillo. Respirar y pensar «(limpio) (el armario)», «(escribo) (mi novela)» o «(pago) (las facturas)» tiene un efecto tranquilizador aun cuando te invita a actuar.

El trabajo que nombres puede ser algo que estás a punto de emprender, como ensayar con tu instrumento o limpiar el garaje. También puedes usar la Invocación 3 para anunciar una intención; por ejemplo, que escribirás después del trabajo («escribo después del trabajo») o que limpiarás el armario cuando llegues a casa del supermercado («limpio cuando llego a casa»). También puedes utilizarla para trabajar una cualidad que desees manifestar, como el valor o la paciencia, o un estado que desees alcanzar, como un estado de calma, entusiasmo o receptividad. Por ejemplo, podrías usar la frase «(espero) (con paciencia)» en la sala de espera del dentista y «(me siento abierto) (y receptivo)» al entrar en una galería de pinturas vanguardistas.

La Invocación 3 puede usarse en una gran variedad de situaciones, pues es muy flexible. Puedes nombrar tu objetivo de cualquiera de las siguientes formas y de muchas otras:

(Retomo) (mi plan de negocios)
(Soy un) (artista de verdad)
(Trabajo) (en mi coraje)
(Hoy) (estoy en calma)
(Me acepto) (por completo)
(Comienzo) (mi marketing)
(Hago) (esa llamada)
(Estoy listo) (para esa conversación)
(Me esfuerzo) (más que nunca)
(Me rindo) (a lo que surja)

Cuanto más precisa sea la mención de tu trabajo, mejores resultados dará la Invocación 3. Por ejemplo, si mencionas un objetivo que no puedes lograr, como pagar las cuentas cuando sabes que no tienes fondos, no lograrás un estado centrado. Para que la Invocación 3 funcione, requiere honestidad y consciencia; debes nombrar tu objetivo de forma fidedigna, con claridad y precisión.

Imagina que debes hacer una llamada difícil a tu madre para decirle que no podrá venir de visita en las fiestas; ese será el trabajo que se evocará en la Invocación 3. La frase más evidente sería: «Llamo a mi madre» o «hago esa llamada difícil». Sin embargo, el objetivo real será decirle a tu madre cómo te sientes o, por el contrario, ocultarle cómo te sientes. O puede ser mantener la calma mientras le hablas o ser fuerte frente a sus acusaciones y quejas. En ese caso, alguna de las frases siguientes podría ser la mejor elección:

(Expreso) (mi verdad)

o

(Mantengo) (la calma)

o

(No revelo) (demasiado)

o

(Me mantengo) (fuerte)

Todas ellas se refieren a la misma tarea (llamar a tu madre), pero ponen el foco en un estado mental diferente y apuntan a una intención distinta.

Tómate el tiempo para pensar en una variedad de situaciones en las que «nombras tu trabajo». Revísalas y practica la Invocación 3 con diferentes opciones. Cuanto más practiques y mejor comprendas lo que significa «nombrar tu trabajo», más valioso te resultará su uso.

Cómo usar la Invocación 3

THERESA

La Invocación 3 pone una mayor carga en el individuo que el resto, lo que la convierte en la más difícil y también en la más emocionante. Al principio, acababa nombrando tareas que eran demasiado abrumadoras. Comencé a darme cuenta de que me estaba abocando al fracaso al hacer esto todo el tiempo. Esta tarde, al retomar mi práctica, intenté nombrar pequeños «bocados» de algo en lugar de la comida completa; me gusta mucho la idea de los bocados. Intentaré mantener el trabajo en pequeñas porciones, ya sea algo que quiero hacer o algo que temo hacer.

Si el trabajo que nombras es algo imposible o poco plausible, no te centrarás y no lograrás hacerlo. Si te reservas una tarde y te dices: «(Trabajo) (en el jardín)», trabajarás de manera tranquila y productiva. Si, en cambio, dices: «(Reformo mi jardín) (por completo)», es más probable que te quedes dentro de casa en lugar de sacar tus guantes de jardinería.

SANDY

Creo que nombrar el trabajo es un paso esencial para obtener claridad y una visión precisa de lo que quieres hacer. A mí me resultó un poco difícil porque tengo problemas para acotar las cosas y señalar una sola cosa con la que lidiar a la vez. Hoy debía encontrar personas interesantes para entrevistar en mi programa. Primero usé la Invocación 2 para soltar expectativas; de lo contrario, hubiera abordado el «nombrar mi trabajo» con demasiada intensidad (del tipo «¡tengo que lograr esto, maldita sea!»). Al soltar primero mis expectativas, me sentí más tranquila y dispuesta a centrarme en cómo lograría esto, en lugar de si en las personas aceptarían o no mi solicitud de entrevista. Luego utilicé la frase «(Estoy lista) (para llamar)» para la Invocación 3. ¡Y me sentí preparada! Hice una llamada tras otra sin perder el tiempo ni sentir estrés alguno.

Aquí comenzamos a ver cómo una invocación da apoyo a otra. Sandy utilizó la Invocación 2 para soltar expectativas como un paso preliminar para emplear la Invocación 3. En el transcurso de medio minuto logró dos tareas importantes: desapegarse de los resultados y anunciar su intención de continuar con su trabajo. ¡No es un mal uso de medio minuto!

KRISTEN

Creo que es importante poner las intenciones en palabras. También es aterrador, ya que no te andas más con rodeos. He estado usando la Invocación 3 para nombrar mi escritura, mi deseo de mantener la calma y mi esperanza de recuperar la creatividad. Estoy en las etapas iniciales de las tres invocaciones y necesito darme un poco de ánimo. «No dejo que las opiniones de los demás me afecten demasiado» también es un trabajo que podría querer nombrar a consciencia, ya que me siento muy mal después de las sesiones de crítica en mi grupo de escritores. No acostumbro a nombrar mi trabajo con precisión; de hecho, soy consciente de que soy muy reacia a hacerlo. Temo que, en lugar de acercarme a mi trabajo, me bombardeen con todo tipo de cosas que intenten mantenerme alejada de él. Supongo que espero que el universo me enseñe a nadar lanzándome a aguas turbulentas, así que intento mantener mis intenciones en secreto para que el universo no pueda torturarme. Suena tonto, pero así es. Quizás una de las próximas cosas que nombre como trabajo sea deshacerme de estas expectativas destructivas. Estoy segura de que me están refrenando.

El proceso de nombrar conscientemente tu trabajo a consciencia puede llevarte a una autoexploración como la de Kristen. Tal vez descubras que ignoras cuál es tu objetivo, que tienes tanto que hacer que no sabes por dónde empezar o que no te sientes a la altura de ninguna de tus tareas. ¡Este proceso puede provocar algo de ansiedad! Eso está bien. Si estos son problemas para ti, ya has estado viviendo con mucha ansiedad. Confía en que la salida es atravesarla: enfréntate a tu ansiedad ahora, aprende a nombrar y hacer tu trabajo y el alivio y la tranquilidad llegarán.

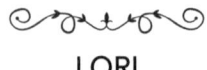

LORI

Creo que la Invocación 3 es excelente. Me resulta muy útil para enfocarme y tomar una decisión consciente sobre lo que pretendo hacer, algo mucho mejor que desperdiciar energía dispersa. Dado que estoy lidiando con depresión, ansiedad, y ahora un posible problema de salud, elijo esta: «(Estoy centrada) (completa y fuerte)». Me gustaría nombrar trabajos como escribir, llevar un diario, practicar caligrafía, escribir poesía o trabajar en el jardín, pero ahora mismo creo que necesito usar este paso más como una estrategia de afrontamiento. He utilizado otras prácticas para ayudar con mi agotamiento y depresión, pero esta es más específica y, creo, mejor.

La forma en que Lori ha utilizado la Invocación 3 es prueba del valor de los Diez Segundos Zen. Al personalizar la Invocación 3, ha generado una afirmación poderosa que la ayuda en sus tareas de sanación más importantes. Al nombrar tu objetivo, no se trata solo de organizar el garaje; también puede ser trabajar para hacerte sentir pleno.

DEB

Al principio, la idea de nombrar mi trabajo me detuvo. No sabía qué decir. Tus sugerencias me han ayudado a encontrar las palabras. También me han mostrado lo flexible que podía ser con las frases que elijo. He probado con «estoy descansada y soy creativa» y con «recupero mi salud y creatividad». He estado enferma últimamente, por lo que necesito descansar y, aun así, crear mis obras de arte. También he probado con «estoy tranquila y fuerte», «puedo marcar mi ritmo» y «puedo ser serena y creativa». Al principio, me ponía nerviosa tener que «nombrar el trabajo», pues sonaba muy serio y difícil. Luego comencé a ver que podía elegir frases que en realidad me hacían más fácil pasar el día.

Nombrar el trabajo no es lo mismo que hacerlo, sino que es una forma de guiarte de manera tranquila y pacífica a lo largo del día al nombrar con intención cómo quieres sentirte y qué te gustaría abordar.

MARY

Este proceso de nombrar el trabajo me recuerda un poco al proceso de «afirmaciones positivas» por el que pasé hace unos años, que consistía en nombrar y refinar de forma consciente un estado de ser o un curso de acción que quería emprender. Solía pegar la idea, junto con alguna imagen, en el espejo del baño y, mientras me cepillaba los dientes por la mañana, intentaba verme en esa situación o estado mental. Pero esa técnica no funcionaba realmente, así que he estado pasando demasiado tiempo corriendo de aquí para allá sin prestar atención a mis procesos internos. Es bueno que haya comenzado a usar la técnica de centramiento de diez segundos, en especial la Invocación 3. Recientemente me encontré trabajando en una situación laboral muy difícil. Visto en retrospectiva, entiendo que las personas estaban enloquecidas y eran crueles, que el trabajo estaba mal definido, que las expectativas eran imposibles, que el liderazgo era pobre o inexistente, y que estaba ahogándome en ese sistema. ¡Es asombrosa la mayor cantidad de energía que tengo desde que dejé ese horrible lugar! Así que este es el momento perfecto para prestar atención a nombrar el trabajo que quiero lograr ahora que estoy libre de ese entorno.

Quizás tu trabajo sea estresante o te haga enloquecer. En ese caso, el trabajo que nombrarás al emplear la Invocación 3 podría ser: «(Siento más calma) (a pesar de todo)» o «(estoy buscando) (un trabajo nuevo)». La Invocación 3 no es solo para gestionar la siguiente tarea en tu lista de cosas por hacer, sino que es una parte integral del proceso de vivir la vida que pretendes llevar y hacer el trabajo que apoye esa intención.

7

Invocación 4:
Confío en mis recursos

Al utilizar la Invocación 4, anuncias que cuentas con los recursos suficientes para lograr tus objetivos y cumplir con el trabajo que has enunciado en la Invocación 3. ¿Qué sucedería si nombraras tu trabajo y luego te dijeras: «De acuerdo, ¡a por ello!»? Lo más probable es que comiences a dudar de inmediato de si estás a la altura para emprender dicha tarea y que incluso vuelvas a escapar de tu centro. La Invocación 4 está diseñada para ayudarte a creer que tienes las herramientas necesarias para el éxito.

Los recursos en los que confías son internos, externos e incluso cósmicos. Los internos incluyen el poder mental y del corazón, así como tu experiencia, tu sabiduría innata y las numerosas cualidades que posees pero que no siempre se manifiestan, como valor, pasión, perseverancia, generosidad y fuerza. Es importante que creas que posees estos recursos (¡los tienes!) y que confíes en que están a tu disposición.

Tus recursos externos incluyen amigos, defensores y la sabiduría acumulada en la literatura, la pintura y la música. Incluye a las personas que amas, a personas aún desconocidas que podrían volverse importantes en tu vida y a grupos y organizaciones que ofrecen apoyo.

Los recursos cósmicos abarcan las fuerzas misteriosas de las que no sabemos nada y de las que probablemente nunca sepamos, las fuerzas dinámicas del universo que permiten que criaturas imperfectas creen novelas excelentes, que nos conceden momentos de paz en una vida ajetreada, que oscurecen el cielo un segundo y revelan el sol al siguiente. ¿Quién sabe cómo soplan los vientos cósmicos? Ante este gran misterio, ¿por qué no aceptar la posibilidad de que haya recursos cósmicos inconmensurables?

Esta combinación de recursos internos, externos y cósmicos a tu disposición no son garantía de nada, pero nos permiten llevar una vida productiva, creativa, centrada, feliz y con principios. Para ello, necesitarás suerte, necesitarás esfuerzo y necesitarás manifestar lo mejor de ti y controlar lo peor. «Confío en mis recursos» es una forma abreviada de decir: «Tengo la posibilidad de hacer el trabajo que quiero y de vivir la vida que quiero; no está garantizado, por supuesto, pero es una posibilidad real».

Si niegas tener los recursos para avanzar, si te apresuras a descartar antes que afirmar tus posibilidades, no conseguirás un estado centrado. Aunque dudes de tener los recursos, utiliza la invocación para anunciar con optimismo que están a tu disposición y, de ese modo, te encaminarás en la dirección correcta.

Cómo usar la Invocación 4

SUSAN

En general, siento que tengo suficientes recursos internos; sin embargo, hay momentos en los que pierdo la convicción, cuando estoy abrumada por la vida diaria y pierdo perspectiva del «panorama completo». En ese momento pierdo la conexión con mis recursos. La Invocación 4 me ha ayudado a restablecer esta conexión y a mantenerla.

Imagina que pierdes la conexión con tus recursos. Visualízalo como si un conducto de suministro de aire vital estuviera cortado. Siente el pánico que surge dentro de ti al darte cuenta de que tu suministro de aire se ha visto interrumpido. Ahora, con tranquilidad y por arte de magia, restablece esa conexión. Visualiza que el conducto está entero de nuevo y siente cómo el oxígeno regresa a tus pulmones. Así es como funciona la Invocación 4: restaura las conexiones rotas con los recursos que posees.

ROSE

A medida que me hago más fuerte, parece que también fortalezco mis recursos externos. Con esto quiero decir que, a medida que gano confianza y experiencia, me hago más fuerte en general y, a su vez, mis interacciones con los recursos externos se fortalecen. Pero hay demasiadas veces en las que lamento que alguien tenga más tiempo, más dinero o más oportunidades que yo. Soy consciente de que quedarme atrapada en los celos no solo me quita energía, sino que ofusca el panorama general y me mantiene estancada. Sé que es importante no compararse, pero, a pesar de saberlo, me cuesta. A veces me siento mal y quiero rendirme. Entonces pienso: «¿De qué sirve? No soy importante, y lo que tengo que decir no es relevante». La Invocación 4 me está ayudando a creer que tengo tantos recursos como las personas a las que envidio.

Algunas personas tienen más recursos, otras tienen menos. Así es la vida. La cuestión es: ¿Tienes recursos suficientes? Afirma que sí y céntrate. Si necesitas más recursos internos, afirma que, a medida que te centres, surgirán como si emergieran de un manantial subterráneo. Si necesitas más recursos externos, afirma que eres capaz de establecer nuevas conexiones en el mundo real. Si necesitas más recursos cósmicos, ríndete al misterio y comprueba quién o qué responde a esa invitación.

LORI

Siento que tengo suficientes recursos. La clave es recordarlo cuando las cosas se ponen difíciles. Soy demasiado propensa a buscar respuestas fuera de mí en lugar de recurrir a mis propios recursos internos cuando nada en el exterior resulta útil. Al usar la Invocación 4, puedo intentar ser más consciente de cuáles son esos recursos y recordar momentos en los que me han ayudado. Sin embargo, es realmente difícil, si no imposible, hacerlo cuando estás deprimida. Hubiera sido una tarea casi abrumadora a lo largo de este último año. Hubo días en los que claramente no me importaba si la vida continuaba o no. La vida siguió simplemente porque no sabía más que seguir adelante.

Intenta usar la Invocación 4 cuando te sientas mal. Es difícil hacer algo cuando te sientes deprimida; esa es la naturaleza de la depresión. Pero eres capaz de lograr diez segundos de respiración y reflexión. Afirmar que confías en tus recursos puede aflojar el control de tus pensamientos negativos y liberar tu dolor acumulado.

EMILY

Los recursos cósmicos siempre han sido mis recursos más profundos, pero a veces lo olvido, y también olvido cómo acceder a ellos cuando los necesito. También subestimo cuánto los necesito y lo importantes que son para mi vida. Bajo ciertos tipos de estrés, no tardo en devaluarlos y considerarlos «fantasiosos», o parte de mi personalidad «artística/neurótica». Olvido mis recursos con demasiada facilidad, no siempre tengo suficiente fe en ellos y espero demasiado tiempo para recurrir a ellos. Espero que usar la Invocación 4 me ayude a recordarlo.

Aunque no puedes definir tus recursos cósmicos, intenta hacerlo de todas formas. Describe lo que quieres decir cuando afirmas: «Confío en mis recursos cósmicos». Si te gusta tu descripción, atesórala. Si no se te ocurre ninguna descripción, bueno, pues ¡esa es la naturaleza del misterio!

LYNETTE

Ha habido momentos en el pasado en los que dudé de mis recursos, en especial cuando mi fuerza y resistencia se pusieron a prueba en mi último trabajo. Pero debo decir que ahora tengo confianza, o al menos mi confianza está aumentando. He descubierto que a menudo he subestimado y menospreciado mucho mis recursos internos. Me ha llevado bastante terapia entender que soy una superviviente y que poseo mucho valor, paciencia, perseverancia y fuerza.

¿Tiendes a subestimar tus recursos internos? Usa la Invocación 4 para recordarte tu grandeza.

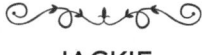

JACKIE

A medida que he madurado, he tenido que redefinir la propia idea de la amistad. Solía tener muchos amigos, pero no eran recursos reales. Más bien me drenaban la energía. En los últimos dos años he perdido más amigos que nunca en mi vida; eran amigos de paso, no de corazón. Pero en el último año también he ganado más amigos nuevos que nunca, aunque estos son diferentes: más tolerantes, más flexibles, menos dramáticos y demandantes. Son personas que disfrutan de mi compañía y la de mi pareja. Parece que ahora atraigo a personas más felices y equilibradas. Muchas de ellas tienen mucho que ofrecer en términos de conocimiento, consejos y aliento sin ser insistentes o controladoras. Por primera vez en mucho tiempo, tener amigos me parece agradable y gratificante en lugar de ser pesado y doloroso.

No todas las personas que conoces son un recurso. Usa la Invocación 4 para afirmar: «Confío en que puedo distinguir cuáles son recursos verdaderos y cuáles no». Uno de los recursos que posees es la capacidad de distinguir entre recursos aparentes y recursos reales.

CHARLES

En cuanto a mis recursos cósmicos, no puedo creer cuántas veces he dicho últimamente: «Justo cuando lo necesitaba, el universo me envió (completar el espacio en blanco)». Estoy escribiendo una novela ambientada en las dos guerras mundiales y, una y otra vez, ha recibido información o han llegado personas conocedoras para ayudarme. Todo lo que tengo que hacer es levantar la vista de mi escritura y expresar una necesidad, y es asombroso lo rápido que llega un recurso. Sin embargo, debo prestar mucha atención a este «universo» que parece estar a mi disposición. La respuesta a la pregunta que estoy haciendo no siempre es tan simple como una respuesta directa; a veces parece llevarme en una dirección diferente a la que esperaba en un principio, así que sigo intentando mantenerme abierto y curioso.

Presta atención a cómo operan tus recursos. A veces te dan toda la ayuda que necesitas y otras veces solo abren una puerta por la que debes aventurarte.

ALICE

Creo que mis recursos internos están conectados a un vasto campo de recursos ilimitados, pero acceder a ellos es el problema. A veces puedo, pero otras veces parece que no. A veces es como si tuviera que sortear dragones o perros guardianes feroces para llegar a ellos. Por ejemplo, hoy, al comenzar mi trabajo artístico, descubrí rápidamente que no podía hacer que mi pincel hiciera lo que esperaba. He tenido que mantenerme firme frente a un torrente de pensamientos dragones del tipo «¿ves?, fue una locura pensar que podías hacer esto» para llegar a mis recursos internos. Esos recursos me han guiado para pintar una línea zigzagueante y ondulada, que luego reconocí como algo mucho más significativo que la línea recta que había planeado pintar.

¿Tienes que sortear a un feroz perro guardián de negatividad y a un dragón de duda antes de poder confiar en que tienes los recursos que necesitas? Imagina que eso es exactamente lo que haces. Levanta una mano y silencia al perro guardián. Levanta la otra mano y doma al dragón. Camina con tranquilidad. Siente la facilidad con la que lo haces y recuerda esa sensación como parte de tu práctica de la Invocación 4.

BOB

Hoy, mientras practicaba la Invocación 4, hubo dos veces en que aparecieron en mi mente imágenes muy claras. La primera vez me vi trabajando con facilidad en el pasado y he tenido la clara sensación de que podría hacerlo de nuevo. La segunda vez visualicé el primer pequeño paso que necesitaba dar en mi trabajo actual. Creo que estoy comenzando a apropiarme de esta invocación; está cobrando fuerza.

Con tranquilidad, recibe la certeza de que tienes recursos internos, externos y cósmicos a tu disposición. Siente el poder centrador de confiar en esos recursos.

8

Invocación 5:
Me siento apoyado/a

Te acercas a tus padres y dices: «Quiero tomar un camino arriesgado y convertirme en pintor. Amo el arte y no quiero hacer nada más. Sé lo difícil que será y que podría caerme de bruces. ¿Qué opináis?». La respuesta que deseas escuchar es la propia definición de «me siento apoyado/a». Para una persona podría ser: «Te ayudaremos con la escuela de arte y siempre tendrás un lugar en nuestra casa». Para otra persona podría ser: «Hablemos de los pros y los contras, no para disuadirte ni convencerte, sino solo para poner nuestros pensamientos sobre la mesa». Sin embargo, nadie se sentiría apoyado con una respuesta como «no tienes talento y eres un completo idiota» o «eres un soñador, ¡a ver si maduras ya!».

Hay muchas maneras de interpretar la Invocación 5. Podrías pensar en ella como: «Soy capaz e independiente, y haré un excelente trabajo apoyándome en mi camino». Podrías interpretarla como: «Tal vez no he recibido mucho apoyo en mi infancia, pero me siento apoyado por mis amigos, por el universo y por mi propia fortaleza interior». Podrías verla como: «Las personas con las que interactuaré no son mis enemigas, así que voy a tratar con ellas de una manera genuina, abierta y amigable». Usa «me siento apoyado/a» como un recordatorio centrador de que puedes apoyarte a ti mismo, que otras personas en tu vida están disponibles para brindarte apoyo y que las personas que conozcas pueden convertirse en tus aliados y defensores si te abres a esa posibilidad.

¿Qué pasa si no sientes ese apoyo? Entonces usa esta invocación como una afirmación clásica, como una declaración de un deseo que esperas que se haga realidad. Usar la Invocación 5 así te ayudará a contrarrestar el dolor de tu creencia actual de que no tienes apoyo. También te señalará la dirección de cómo quieres presentarte en el mundo, como una persona segura y competente a quien le suceden cosas buenas.

Cómo usar la Invocación 5

BEVERLY

No había pensado mucho en cómo la falta de apoyo contribuye a las dificultades que tengo como artista; sin embargo, soy consciente de que el apoyo que recibo de otros artistas contrasta con la falta de apoyo que recibo de mi familia, lo cual es un punto doloroso para mí. Si no te sientes apoyado por ti mismo o no crees en ti, todo el talento del mundo se echará a perder, y si no te sientes apoyado al menos un poco por otras personas, eso también hará mucho daño. Estoy usando la Invocación 5 para ayudarme a olvidar la falta de apoyo de mi familia y para recordarme el apoyo que sí recibo.

La Invocación 5 puede cumplir una doble función: ayudarte a olvidar recuerdos dolorosos de no haber sido apoyado y reconocer el apoyo que tienes disponible en este momento. Date cuenta de si puedes usar la Invocación 5 de una manera que sirva para ambos propósitos a la vez.

ALEX

Como no me siento apoyado, no sabía qué hacer con esta invocación. ¿Se suponía que debía mentir? ¿O era como en las afirmaciones, en las que algo que no es cierto podría hacerse realidad si lo dices, lo crees y te orientas en esa dirección? Pero lo he intentado varias veces en diferentes días, sin saber qué hacer con ello y solo para darle una oportunidad, y noté que algo comenzó a suceder. Noté que me inundaron recuerdos de aquellos momentos, pocos y lejanos pero muy reales, en los que sí recibí apoyo. Los que había olvidado debido a mi amargura general. Así que, de una manera curiosa, la Invocación 5 me está ayudando a deshacerme de mi amargura, algo que sabía que quería hacer, pero no sabía cómo lograrlo.

Usa la Invocación 5 aunque en realidad no te sientas apoyado. No puedes predecir qué cosas interesantes sucederán, pero puedes apostar con seguridad que algo bueno ocurrirá. Opta por la confianza y prueba la Invocación 5.

BARBARA

Cuando comencé a usar la Invocación 5, naturalmente pensé que estaba diciendo algo sobre lo que quería para mí. Quería sentirme apoyada y quería recibir apoyo. Pero al cabo de unos días comenzó a suceder algo curioso: noté que comenzaba a sentirme más solidaria con otras personas. Ayudé a una mujer en el trabajo a quien nunca hubiera ayudado antes. Acepté contribuir con algo de tiempo a una organización benéfica que respeto. Me esforcé por hacer una pequeña buena obra por mi tía. Estoy segura de que todo esto fue resultado de practicar la Invocación 5. Tal vez pensaba: «Si doy apoyo, recibiré apoyo», pero no creo que fuera tan calculadora. Creo que en realidad provenía de un lugar altruista y compasivo. Al decir «me siento apoyada», comencé a sentirme lo suficientemente apoyada como para comenzar a hacerlo por los demás.

Si sientes el apoyo que recibes, querrás apoyar a los demás. La Invocación 5 abre tu corazón y permite que emerjan tus sentimientos reprimidos de generosidad. A su vez, tus acciones generosas te calmarán y centrarán.

JOHN

Siempre me he considerado un lobo solitario. No como alguien autosuficiente, como esos hombres de montaña que van a Alaska y viven de la tierra, sino más bien como un observador lejano que reflexiona sobre la cultura y la naturaleza humana, pero que se guarda esas reflexiones para sí mismo. Así que tenía la sensación de que si usaba la Invocación 5, no haría más que invocar algún aspecto de la autosuficiencia. De hecho, ocurrió eso. Casi de inmediato, me sentí más seguro para comenzar el negocio en Internet que había estado esperando iniciar, pero que no había logrado empezar. Pero también ocurrió algo más: sentí que podía invitar a otras personas a ayudar con el proyecto y que ellas serían un apoyo en vez de un impedimento. No lo sabía, pero necesitaba que ambas cosas sucedieran: necesitaba autoestímulo y también liberar un poco mi personalidad de lobo solitario.

El montañés, solo en la naturaleza, ha decidido vivir sin el apoyo de otros seres humanos. El resto de nosotros necesitamos un ejército de gente que nos apoye: personas que lleven comida a nuestros mercados, que nos mantengan conectados a Internet, que produzcan los libros que escribimos o las películas que rodamos, que nos calienten cuando tenemos frío y que nos alienten cuando estamos decaídos. «Me siento apoyado» también significa «acepto que necesito apoyo» y «estoy en esto con el resto de la raza humana».

ALICE

Soy una de esas mujeres que ayuda a los demás y se entrega por completo. Quizás podría identificar todas las razones por las que lo hago, razones que se remontan a mi difícil infancia, pero así ha sido y nunca he podido cambiar esa dinámica. Sigo ofreciéndome a ayudar, no como bien ni me cuido, me canso demasiado, acepto las imperfecciones de mi esposo —todos los rasgos habituales que son propios de mi tipo de personalidad. Luego, cuando comencé a usar la Invocación 5, sucedió algo curioso. Comencé a ponerme más firme. Pude sentir la diferencia. Empecé a decir «no». ¿Quién hubiera pensado que «me siento apoyada» se traduciría en «no toleraré más esto»? ¡Pero así fue!

Sentirte apoyado te hace más fuerte porque fomenta la confianza, te brinda tranquilidad y te centra. Usa la Invocación 5 para afirmar que sientes el apoyo de la gente y observa lo que sucede.

BILL

Recientemente, me han invitado a realizar algunos números cortos entre actos en un espectáculo de variedades. Los actos iban a cargo de maestros destacados en el marco de una conferencia de artistas de variedades en Reno, por lo que no solo actuaría con algunos de las grandes figuras del Nuevo Vaudeville, sino que lo haría frente a mis colegas. Los números que pretendía realizar eran nuevos o sacados de contexto de rutinas más largas, así que me sentía nervioso por eso y también porque podría ser mi gran oportunidad. El día del espectáculo estuve en seminarios toda la mañana y luego tuve que correr a la farmacia a conseguir algunos accesorios, así que llegué tarde al teatro y no tuve tiempo para hacer un calentamiento adecuado, repasar lo que haría en el *show* o practicar con las luces, el telón y el escenario. Esos factores contribuyeron a mi nerviosismo y a que me sintiera desestabilizado. No estaba centrado. En el escenario, acabé moviéndome más de lo necesario, apresurándome a hacer los números para terminar con esa incómoda actuación, ignorando las reacciones del público y cometiendo errores técnicos simples, como dejar caer una bola mientras hacía malabares con tres —y eso que llevo más de veinte años haciendo malabarismo—. Rompí el personaje un instante cuando sucedió, y no de una manera divertida. En el *clown,* los errores son parte del acto, incluso pueden ser regalos que enciendan mi creatividad; sin embargo, esa noche, fueron penosos. Después, algunas personas dijeron cosas agradables, pero la mayoría de los asistentes a la conferencia me ignoraron o evitaron mencionar la actuación. Al ver partes del vídeo, comprobé que la actuación no fue tan mala como parecía, pero hubo largos momentos incómodos que me hacen sentir mal cuando lo pienso. Parecía un ciervo petrificado por los faros. ¿He mencionado que había cazatalentos de grandes festivales internacionales entre el público? Esa actuación no fue mi gran oportunidad. Entonces decidí darle una verdadera oportunidad a la técnica de centramiento de diez segundos. Estaba realmente cansado de sentirme descentrado y de tener este tipo de experiencias, así que decidí usar las invocaciones 1, 3 y 5 como una especie de paquete o secuencia: «Me detengo por completo», «hago mi trabajo» y «me siento apoyado». Pensé que podía manejar tres frases y que estas eran las que me ayudarían a centrarme antes de una actuación, así que comencé a practicarlas juntas. Unas semanas más tarde, tenía una actuación bastante importante programada y, aunque las invocaciones parecían estar funcionando en la práctica, me preguntaba si resistirían una actuación real. No podía predecir si de verdad las usaría, ni si me calmarían cuando mi ansiedad se desatara. No lo sabía. Pero cuando llegué al lugar, descubrí que quería usar las invocaciones. Mientras esperaba para salir, usé mi secuencia, nombré mi trabajo como «haré una buena actuación» y pude notar que las invocaciones estaban funcionando y que, de una manera curiosa, casi no importaba qué palabras usara. El simple hecho de respirar y de pensar de ese modo estaba teniendo un efecto profundo en mi sistema. Me sentí realmente sereno («me detengo por completo» hizo esa magia). Me sentí optimista sobre lo que estaba a punto de suceder. Y me sentí apoyado por esas personas que no me conocían y a quienes no conocía. De alguna manera, la Invocación 5, integrada en mi pequeña secuencia, había transformado a una audiencia anónima en una sala llena de amigos.

¿Puedes pedirle mayor rédito a una inversión de treinta segundos en ejercicios de centramiento?

9

Invocación 6:
Abrazo este momento

Todos nosotros somos capaces de leer un libro, ver un programa de televisión, hacer recados, conversar con un amigo y pasar el tiempo de incontables formas. Sin embargo, sabemos lo difícil que resulta apagar el televisor y quedarnos allí sentados, tratando de estar presentes en lo que queremos hacer a continuación. Tampoco nos resulta fácil estar presentes al estar con otra gente o en nuestro trabajo. Estar descentrados es lo que nos hace llenar el día de forma superficial.

La diferencia entre pasar el rato y estar presente tiene que ver con la naturaleza del compromiso que está en juego; si nos comprometemos a escapar a la hora de encontrar sentido, permaneceremos ansiosos y descentrados. En cambio, si nos comprometemos a utilizar nuestros dones y recursos de forma seria y a consciencia, ya sea para conversar con nuestra hija, escribir una novela o comunicarnos con la naturaleza, viviremos el momento plenamente y, en consecuencia, nos sentiremos presentes y centrados.

Es por eso que «presente» es una palabra tan pesada y un estado difícil de alcanzar, porque requiere compromiso. Debemos encontrar el valor para dejar de correr, para afrontar el silencio, para combatir nuestros demonios y tratar a la vida con más seriedad de la acostumbrada. Cuando nos volvemos así de tranquilos y serios, ya no permitimos que las distracciones nos molesten, no nos mentimos sobre nuestras verdaderas tareas, ni escapamos del presente presos de una oleada de ansiedad. Resulta que estar presente es una forma de heroísmo.

Cuando estás presente al conversar con tu pareja, al preparar una presentación de negocios o al disfrutar del cielo nocturno, cualquiera que te vea sabrá que no tienes prisa, que vas en serio, aunque tengas una sonrisa o estés riendo. Quizás hayas pensado que la presencia tenía algo que ver con «apagar la mente» o «vaciarse», y se centraba en el desapego, pero, de hecho, es una idea más grande; se trata de tomarte la vida con la seriedad que merece al poner tus recursos y principios en el momento y crear sentido de forma intencional.

La Invocación 6 hace honor al compromiso de crear sentido y nos recuerda que estar presente es un acto de valor. Cuando «abrazas este momento», te comprometes a un encuentro auténtico y sin distracciones con lo que vendrá en la vida. Al respirar y pensar «(abrazo) (este momento)» escoges afrontar la vida a consciencia. Estar presente es una hermosa actualización de tu potencial, un estado centrado y significativo, lleno de la riqueza de tu ser.

Cómo usar la Invocación 6

SUSAN

Creo que la diferencia entre estar y no estar presente se basa en la consciencia y la conexión. Cuando estoy presente por completo, soy consciente de mí misma en el momento y en el espacio; todos mis sentidos están activos y me encuentro conectada. Cuando no estoy presente, ni siquiera puedo recordar lo que acabo de hacer. Estar presente es quietud, activación de los sentidos y una sensación de identidad que sobrepasa lo físico y lo espiritual. Estar presente es más que tranquilizarse; primero se calma la mente, luego el espíritu y, entonces, te sientes con una nueva forma de poder.

Al usar la palabra «abrazar», la Invocación 6 sugiere amor. Imagina que haces votos de amar, honrar y atesorar el momento presente.

SANDY

Tengo el miedo arraigado de que el futuro siempre reflejará el pasado. A menudo me resulta difícil estar en el momento presente porque intento averiguar qué salió mal en el pasado para evitar que vuelva a suceder, o bien imagino cómo las heridas del pasado podrían resurgir en el futuro. Nunca había concebido que estar presente tenía que ver con poner en orden mis recursos. ¡Me gusta! Lo de «calmarme» me recordó a la técnica de «ir al rincón de pensar» que los padres utilizan con sus hijos, una técnica que nunca ha resonado conmigo. Sin embargo, «poner en orden tus recursos» parece más como «ponerte al día contigo mismo», una idea que sí me gusta.

Abrazar el momento presente no es un castigo, no es una meditación en la que se te duermen los pies, te duele la espalda y el maestro zen te golpea con una vara si no te sientas derecho. Es la forma en que te pones en orden a ti mismo para poder manifestar tu pleno potencial.

KRISTEN

Estar presente significa concentrarme en lo que estoy haciendo y llenarme de la experiencia. Significa perder la noción del tiempo porque el tiempo ya no importa. Estar presente no tiene juicios; es aceptar lo que es tal como es. No hay lucha contra la verdad, ni negación. Estar presente a veces es como estar conectado a una toma de corriente; las corrientes que he estado esquivando tal vez tengan una fuerza impactante, pero también pueden generar luz en lugares oscuros.

¡La imagen de Kristen es hermosa! Cuando abrazas el momento presente, permites que tu corriente eléctrica humana fluya, que te llene de chispas de luz, de energía, y, sí, que a veces te sorprenda y te golpee con la verdad. Imagínate así de quieto y lleno de energía. Cuando abrazas el momento presente, te centras más y te vuelves poderoso, y emprendes esa acción que necesitas sin dudas o movimientos en vano.

MARTY

Pienso que abrazar el momento presente es algo así como la devoción; la devoción a una causa, a un sentimiento, a una obra de arte o a una persona. Es estar ahí y trabajar con toda tu atención. No estar presente implica engullir toda una comida sin haberla saboreado, conducir a un destino y no recordar el camino, ir en «piloto automático», haciendo una cosa mientras piensas en las próximas cien cosas por hacer. No estar presente implica bloquear mi creatividad, porque estoy muy centrado en cosas como: «¿Generará dinero? ¿Le gustará a la gente? ¿Salvará el mundo? ¿Es impresionante? ¿Valida mi existencia?», en lugar de concentrarme en el acto de creación en sí. Estoy utilizando la Invocación 6 para cambiar eso. Descubro que si la repito unas cuantas veces con los ojos cerrados, me acerco a mi pintura de una manera completamente diferente, libre de mis pensamientos ansiosos habituales y listo para el encuentro que está a punto de comenzar.

Si haces lo que tienes delante mientras piensas en lo último que hiciste o en lo siguiente que tienes que hacer, no te centrarás. Si al escuchar, solo piensas en lo que tienes intención de decir, no te centrarás. Si no te dedicas al momento presente, no te centrarás.

LESLIE

El ruido mental y la intensa necesidad de terminar cosas y tacharlas de mi lista son mis problemas más inmediatos. El ruido mental es mi mayor obstáculo para estar presente. La dificultad de vivir «en el proceso» y aceptar que siempre habrá cosas por hacer mientras esté viva hace que me cueste tan solo detenerme y existir. Además, tengo un obstáculo considerable, que es el temor a que si me detengo y miro dentro, no encontraré nada allí. Temo que es probable que ese sea el verdadero obstáculo.

¿Tienes miedo de que si abrazas el momento presente, descubrirás que estás vacío, sin sustancia o hundido en la miseria? No puedes correr lo suficientemente rápido para escapar de tales miedos. Utiliza la Invocación 4 («Confío en mis recursos») y la Invocación 5 («Me siento apoyado/a») para estabilizarte y luego utiliza la Invocación 6 para enfrentarte a ti mismo con valor en el momento.

BOB

La diferencia entre no estar presente y estar presente es como la diferencia entre caricaturizar el mundo que me rodea y pintarlo con detalle artístico. He tenido muchas actuaciones en las que me he apresurado a terminarlas, de las que recuerdo muy poco. Cuando estoy presente en una actuación, puede que yo no me detenga, pero el tiempo parece hacerlo. Es como si descubriera un mundo oculto debajo.

Soy consciente de profusos detalles sin dejarme atrapar demasiado por ellos y recuerdo la experiencia desde múltiples puntos de vista.

El momento presente tiene una riqueza infinita. Hay mundos arriba, mundos abajo y mundos interconectados. Si has estado huyendo del momento presente porque temes que detenerte te aburra, que sea vacío y árido, cambia de parecer. Usa la Invocación 6 para predecir una experiencia caleidoscópica en lugar de una estática o estancada.

DEB

Nunca he pensado en estar presente como algo relacionado con reunir recursos. Esa idea me parece mucho mejor que la de limitarme a estar sentada, pues una se siente como una acción afirmativa y la otra, como victimismo. De pequeña, me hacían sentarme quieta y callada como castigo por haberme portado mal. ¡No es de extrañar que me ponga tan inquieta al estar sentada! Había una frase que mi madre usaba una y otra vez durante mi infancia, y que aún usa hoy: «Si alguna vez me siento, nunca más me levantaré». De pequeña, interpretaba eso como la «muerte» y, de mayor, lo interpreté como que me paralizaría si dejaba de hacer cosas. Ambos pensamientos eran aterradores y, probablemente, todavía me asustan. ¡Qué complicado es «detenerse» y «estar presente»!

Abrazar el momento presente es una acción afirmativa. No tiene nada que ver con estar sentado quieto, sino con poner tu corazón, tu mente y tus manos en la actividad que nombraste en la Invocación 3.

LYNETTE

Me parece importante reconocer que no estar presente es huir de encontrar sentido, con la ansiedad como emoción subyacente. Detenerse para reconocer esto y entender que estar presente merece ser celebrado son pasos clave hacia una vida sin miedo. Justo hoy experimenté la pérdida de una pieza que forma parte de una escultura más grande en la que he estado trabajando durante un tiempo, pero me tomé la pérdida de una manera bastante filosófica, considerando cuánto había invertido en ella. Creo que usar las invocaciones me ha ayudado con esto. He mejorado en desapegarme de los resultados, en la sensación de que las cosas funcionarán incluso si una pieza en particular no lo hace y he mejorado mucho en permanecer en el momento sin miedo ni ansiedad.

Incluso si abrazas el momento presente, seguirás cometiendo errores y experimentando fracasos. Abrazar el momento solo garantiza que estarás centrado y presente, no que tendrás éxito, pero al estar centrado y presente, ¡tendrás éxito mucho más a menudo!

THERESA

Mientras mi esposo me hace una pregunta, estoy pensando en el proyecto en el que estoy trabajando. Cuando estoy trabajando en el proyecto, estoy pensando en la cocina que dejé desordenada para poder trabajar en él. Incluso ahora, mientras pienso en esta pregunta, tengo que forzarme a no pensar en los deberes de francés que tengo que hacer para un curso que estoy haciendo. Creo que el problema es el ruido mental, pero ese ruido puede provenir de algo más profundo, quizás un miedo a que, si dejo de moverme, mi vida no tendrá sentido.

Quizás sea algo más. Realmente no lo sé. ¿Puedo avanzar si no sé qué está causando mis dificultades? Debo tener esperanzas de que sí puedo. Tengo que convencerme de centrarme y estar presente sin preocuparme por saber o no la causa exacta de las cosas.

Puede que nunca sepas por qué te cuesta reunir tus recursos, abrazar el momento presente y centrarte. Limítate a continuar con tu práctica. Practica la Invocación 6 y encontrarás tu camino hacia estar presente.

10

Invocación 7:
Soy libre del pasado

Sin duda, las personas se ven afectadas por experiencias como ser humilladas, ignoradas, menospreciadas y abandonadas, ser objeto de burlas o sufrir maltrato físico. Además, afrontan decepciones, rechazos, derrotas, sueños rotos y fracasos que no ayudan a que confíen en sus posibilidades o habilidades. ¿Y acaso los conceptos negativos que tienen de sí mismas (como que son indignas, desafortunadas, incompetentes, ineptas o indisciplinadas) no las desbaratan con frecuencia?

Aunque es imposible predecir cómo la naturaleza y la crianza afectarán a cada niño en particular, y por qué una persona ha resultado ser como es, todos hemos sufrido suficiente daño en el pasado como para que sea un problema universal. Se manifiesta en forma de malos recuerdos que nos acechan, de experiencias tristes que minan nuestra confianza y, lo más importante, se manifiesta en el molde que nos colocó en la piel que habitamos. Nuestra propia personalidad es el problema; el daño que nos han causado se ha convertido en quienes somos.

La Invocación 7, «soy libre del pasado», es un deseo y una exigencia. Significa que «me deshago de los malos recuerdos», no porque olvide, perdone o me rinda, sino porque esos recuerdos me debilitan y me duelen hasta el día de hoy. También significa que «pretendo ser la persona que quiero ser», que soy libre de mi persona del pasado que posterga las cosas, que toma caminos equivocados, que se rinde con facilidad y que no da el paso inicial.

Teniendo en cuenta que a todo el mundo nos han herido, ¿qué nos ayuda a sanar? El amor. Lo que Carl Rogers llamó «aceptación positiva incondicional». El éxito. El apoyo. El cambio cognitivo. Controlar, afrontar y reemplazar nuestros pensamientos negativos. Cambiar nuestra conducta. Hacer todo lo que nos lleve en la dirección correcta. El conocimiento y la consciencia. Entender cómo el miedo, la preocupación, la ansiedad y el estrés afectan a nuestras vidas. La esperanza. Todo eso ayuda. Y la Invocación 7 también puede ayudar; utilízala para sanar el pasado y fijar tu rumbo actual.

Cuando recordamos que existen muchas formas de sanar del daño que nos han causado y no un método perfecto que nos resulta esquivo, tenemos opciones. Al decir: «¿Qué debo hacer?», estamos cometiendo un error, pues la propia pregunta implica la idea de que solo hay una respuesta correcta. Sería mejor habituarnos a decir: «De las muchas cosas que podría hacer para ayudarme, ¿cuál debería escoger?». Aunque es más engorroso, también es más útil. Puedes acortar la frase a «¿cuál de las muchas opciones?» y también dejar que la Invocación 7 abarque esa idea; así, además de liberarte del pasado, anuncias que te abres a sanar las heridas de cualquier forma que se te presente.

Cómo usar la Invocación 7

JANE

Cuando tenía unos cinco años, me apuntaron a danza. Mi abuela me llevaba. Me encantaba y sentía que destacaba en ello, pero mi abuela no lo consideraba un camino estable, y mi madre parecía decepcionada porque no era lo suficientemente buena. Dejé de bailar durante dos años, volví a empezar por el deseo de recuperar la felicidad que solía sentir, lo dejé otra vez, empecé otra vez y, finalmente, lo dejé por completo después de recibir demasiados mensajes de mi familia de que no era lo suficientemente bonita o talentosa. Lo abandoné durante décadas, hasta que no pude soportar más no bailar, momento en el que empecé a practicar danza folclórica. Pero aún después de todos esos años, seguía escuchando los viejos discos y mensajes. No me he liberado del pasado, pero ese es mi trabajo. Uso la Invocación 7 antes de bailar, porque noto que necesito exorcizar viejos demonios que están atrapados en mi cuerpo y que me hacen sentir pesada y cansada. Solo me siento ligera cuando no tengo pasado; creo que es algo zen. Tengo mucha práctica y memoria corporal, y solo necesito olvidarme de todo para poder bailar divinamente. Cuando respiro-y-pienso «(soy libre) (del pasado)», imagino —y puedo sentir— cómo los demonios me abandonan, como si estuviera realizando un exorcismo.

Prueba la Invocación 7 y comprueba si te resulta útil y agradable. Si no es así, intenta usar un lenguaje diferente, ya que lo que te está fallando puede ser la forma en que está redactada y no la idea que tiene detrás. Por ejemplo, podrías intentar con «(dejo todo) (atrás)», «(me renuevo) (cada día)» o «(aquí) (y ahora)», que también es una buena variación de la Invocación 6, «(abrazo) (este momento)».

TOM

Mi infancia ha sido truculenta. Mi madre se casó cuatro veces y yo asistí a dieciséis escuelas diferentes antes de graduarme. Mi madre ha tenido seis hijos, de los cuales tres han muerto al nacer. Mi padre biológico era terrorífico, abusivo, sin duda, pero no tengo ningún recuerdo de él. Se marchó cuando yo tenía diez años, momento en que dejé de sufrir desvanecimientos y jaquecas. Cuando yo tenía trece años, mi madre se casó con un hombre inútil, aunque era dulce. Mi madre me confesaba su frustración sexual con él, a pesar de que fuera algo inapropiado. Se divorció después de algunos años y volvió a casarse otras dos veces, primero con un alcohólico y luego con un hombre amable que murió de párkinson. Ni Tennessee Williams hubiera podido escribir un mejor escenario para mi infancia. En la actualidad, trabajo en el área tecnológica bajo mucha presión y veo que mi pasado se filtra en mi vida de formas extrañas, que resultan aún más perturbadoras por ser repentinas. Por ejemplo, en medio de una reunión, tengo un recuerdo de mi madre sentada en mi cama teniendo una conversación inapropiada. He descubierto que puedo utilizar la Invocación 7 en ese momento, sin cerrar los ojos ni llamar la atención, y hacer que el momento Tennessee Williams salga de la habitación. ¡Gracias a Dios por eso!

Lo bueno de la técnica de centramiento en diez segundos es que puedes usarla en situaciones de la vida real, cuando más lo necesitas. Una vez que practiques la técnica y adquieras tu repertorio de invocaciones, sabrás cómo centrarte cuando el pasado irrumpa y cuando surja una situación que te descentre.

ANNE

Mi problema puede sonar extraño: cuando estaba en mi tercer año de universidad, gané un prestigioso concurso nacional de cuentos cortos. Como es lógico, eso me hizo sentir orgullosa, pero casi tan pronto como recibí la noticia de ese premio, comencé a tener problemas reales para escribir. Empezaba un cuento, escribía unas tres líneas, las releía con desdén, tiraba el cuento y no volvía a escribir durante una semana o tal vez un mes; y luego durante períodos mucho más largos, hasta que llegaba a no escribir en absoluto. Me dedicaba a la redacción técnica durante el día y achacaba mi incapacidad para escribir cuentos al hecho de que estaba escribiendo todos esos manuales aburridos y estaba agotada de escribir para cuando llegaba a casa. Pero nunca creí en mis propias excusas. Finalmente, entendí que, como perfeccionista de toda la vida, ese premio me había llevado a un punto crítico y me había hecho descartar cada nuevo cuento sin darle una verdadera oportunidad. Decía cosas como «una escritora premiada nunca escribiría eso» o «no puede ser que después de mi cuento premiado venga algo tan malo», sin ser consciente de que lo hacía. Me percaté de que lo había estado haciendo cuando aprendí la Invocación 7 y entendí que lo que más me pesaba de mi pasado era mi único éxito —o más bien la forma en que ese éxito había exacerbado mis miedos y dudas sobre mi valía—. Así que pensé en probar con «soy libre de ese cuento». ¡Y funcionó! He vuelto a escribir y, ahora, cuando siento que un cuento no es lo suficientemente bueno, respiro hondo, me centro, me recuerdo que escribir es un proceso y que debo permitir que se desarrolle, y termino con «soy libre de ese cuento». ¡Ese pobre cuento! ¡Como si alguna vez hubiera tenido la culpa! Pero, por más inocente que sea, debo dejarlo atrás para liberarme de la sensación de que nunca podré volver a tener éxito.

El objetivo de la Invocación 7 es ayudarte a liberarte del pasado, incluso si se trata de un evento positivo. Nuestros éxitos pueden pesarnos tanto como nuestros fracasos, y nuestro objetivo es deshacernos de cualquier cosa, positiva o negativa, que sintamos como un lastre y que haga que nuestro camino actual sea más difícil.

MARK

Estoy seguro de que mi problema es muy común. Si no logro decirle las palabras correctas a alguien, si tengo algún tipo de interacción tensa con alguien en el trabajo, si hago algo de una manera y luego desearía haberlo hecho de otra, me obsesiono con lo que acaba de suceder todo el día. No puedo sacarme ese episodio de la cabeza, lo cual, por supuesto, hace que lo que estoy haciendo en ese momento salga aún peor y me da aún más motivos para preocuparme. Resulta que mi «pasado» problemático es lo que ocurrió hace solo cinco minutos, algo que alguien me dijo, o que yo le dije a alguien, y mantener ese pasado vivo en mi cabeza es prácticamente el mayor problema al que me enfrento. Siempre estoy rumiando lo que acaba de suceder, lo que significa que nunca estoy realmente presente, nunca estoy tranquilo y nunca vivo de acuerdo con mi potencial. Por eso me ha resultado importante dominar la Invocación 7. Comencé a usarla siempre que notaba que me estaba preocupando por algo que acababa de suceder. Pero el lenguaje no parecía del todo correcto, ya que «pasado» parecía referirse a eventos de hacía veinte años y no de hacía veinte segundos, así que lo cambié por «dejo ir esto», lo cual me pareció preciso. Para mí, «dejo ir esto» pone el pasado en su lugar, es decir, está bajo mi control y ya ha quedado atrás. Si quiero mantener vivo algo del pasado, puedo hacerlo, y si no, puedo deshacerme de ello en diez segundos.

El «pasado» que te está causando problemas puede ser muy reciente: algo que ocurrió anoche, hace una hora o incluso hace un minuto. Algo que sucedió hace un minuto ya está en un pasado lejano (a menos que no puedas liberarte de sus garras). Para deshacerte del pasado reciente, podrías probar alguna de las siguientes variaciones de «soy libre del pasado»: «soy libre de eso», «no merece la pena aferrarse a eso» o «he terminado con eso».

11

Invocación 8:
Creo mi propio sentido

El centramiento y el sentido están conectados. Si no encuentras sentido a tus días, serás presa de una inquietud que te descentra y del aburrimiento, junto a una ansiedad existencial y, con el tiempo, una depresión. La Invocación 8 puede ser de gran ayuda en este aspecto, pues nos recuerda cuál es el secreto fundamental del sentido: es algo que hay que crear, no encontrar. La metáfora de «encontrar sentido» ha quedado anticuada y ya no es viable. Solo existe el sentido que creamos.

El sentido es más una elección que un objeto perdido. No escribes una novela para encontrar sentido, sino que la escribes porque te parece trascendente. No contraes matrimonio para encontrar sentido, sino que lo haces porque te parece trascendente amar y vivir con esa persona. No haces obras de caridad esperando encontrar sentido en ello, sino porque crees en lo que la caridad representa. No tiene sentido hasta que realices estas trascendentes inversiones.

Hoy en día, muchas personas sufren problemas asociados a la falta de sentido; han percibido esa falta de sentido y no saben dónde encontrarlo. El psicoterapeuta existencialista Irvin Yalom ha utilizado una nota de suicidio anónima como epígrafe sobre la experiencia de la falta de sentido en *Psicología existencial*. La nota decía:

Imagina a un grupo de imbéciles ocupados en el trabajo, cargando ladrillos en un campo abierto. En cuanto terminan de apilar los ladrillos en un extremo del campo, se disponen a transportarlos al lado opuesto. Y así continúan sin descanso. Cada día de cada año transcurre del mismo modo, hasta que, un día, uno de los idiotas se detiene lo suficiente para preguntarse a sí mismo qué está haciendo. Se pregunta qué sentido tiene cargar ladrillos y, desde entonces, ya no está tan conforme como antes con su ocupación. Yo soy el idiota que se pregunta por qué está cargando los ladrillos.

Esta experiencia visceral de falta de sentido hace que una persona necesite encontrar razones para seguir adelante, razones que puedan contrarrestar la sensación de falta de sentido. En caso de no poder encontrarlas, se llegará a una crisis de sentido. ¿Cuántas personas han experimentado esa experiencia visceral de falta de sentido? Hace algunos años, Victor Frankl, psicólogo existencialista como Yalom, sugirió algunas cifras: en un estudio, Frankl reportó una tasa de «vacío existencial» del 81 por ciento entre estudiantes universitarios de Estados Unidos. Yalom, en sus propias investigaciones, ha observado que el 30 por ciento de los voluntarios de uno de sus estudios tenía «grandes problemas de sentido». ¿Quién hoy en día no ha tenido una intensa sensación de falta de sentido alguna vez?

Para combatir el vacío existencial, la falta de sentido, debes decidir poner sentido en algo y, al hacerlo, tomar la decisión de dedicarte, de ser apasionado, de que esa relación o trabajo es importante. ¿Es importante para marcianos o venusianos? No. Pero tú decides lo que es importante para ti. Tú decides si, según como tú creas que has de vivir la vida, esa relación o ese trabajo son significativos.

Los seres humanos siempre han tenido la capacidad de ver la falta de sentido. Los tiempos modernos han activado ese potencial. La llamamos «modernidad» por los profundos cambios que el conocimiento científico, los nuevos paradigmas en la forma de ver el universo y el progreso hacia una visión iluminada del individuo han causado en la especie. No es ni remotamente extraño que los avances en la comprensión científica y una mayor valoración del individuo hayan provocado una explosión cultural de la falta de sentido. No puedes mirar detrás del telón y ver los engranajes, no puedes inflar al individuo y darle esperanzas desmesuradas mientras lo mantienes de su tamaño y demasiado humano sin crear una epidemia de falta de sentido.

Aunque sea muy simple, la Invocación 8 es capaz de contrarrestar todo esto. Es una cura existencial completa. Aunque seas creyente, tendrás que crear tu propio sentido, ya que ninguna religión postula que sea tarea de los dioses anunciarte si es más significativo ser médico o abogado, por ejemplo, o vivir en Boise o en Boston. La Invocación 8 te recuerda que solo puedes servir a tu dios o a tu naturaleza espiritual decidiendo dónde debes invertir el sentido. Si no eres creyente, tienes un mandato aún más claro, ya que no hay nada ni nadie que te diga cómo vivir o por qué vivir. O tú creas tu propio sentido, o serás engullido por la falta de sentido.

Puedes interpretar la Invocación 8 como una conversación breve y amable que tienes regularmente contigo sobre tus responsabilidades existenciales. De hecho, todas las invocaciones tienen un componente existencial oculto, lo que ayuda a explicar su poder. Por ejemplo, la Invocación 1, «me detengo por completo» se traduce así: «Aunque tengo miedo de encontrar un vestigio de falta de sentido cósmica si me detengo por completo, sé que debo detenerme para centrarme y lo haré con valentía». La Invocación 6, «abrazo este momento», se traduce como: «No tengo que preocuparme por las pérdidas de sentido pasadas o las crisis de sentido futuras. Puedo crear sentido estando presente ahora mismo». Cada invocación sugiere el trabajo existencial proactivo que debemos hacer si nosotros, los seres humanos modernos, queremos centrarnos.

De manera similar, la Invocación 3, «hago mi trabajo», puede usarse para nombrar el trabajo existencial y para apoyar el uso de la

Invocación 8. Plantéate probar algunas de las siguientes frases como variaciones de la Invocación 3 que afirmen tu decisión heroica de crear sentido y valor:

(Lo que hago) (importa)
(Me hago) (responsable)
(Mi vida) (es valiosa)
(Me comprometo) (a interesarme)
(La pasión) (crea sentido)
(Un camino) (de corazón)
(La vida se hace) (viviendo)

Puede que estas ideas sobre la creación de sentido sean nuevas para ti. Piensa en ellas un poco o, mejor aún, empieza a usar la Invocación 8. Úsala para centrarte cuando te sientas perdido y no sepas qué hacer a continuación. Úsala cuando quieras dirigir tu pasión y energía a algún lugar, pero no sepas adónde acudir. Úsala cuando te sientas bloqueado y sin creatividad. Úsala cuando te sientas aburrido, inquieto o deprimido. Es la clave para centrarte, y la clave para mucho más.

Cómo usar la Invocación 8

MARTHA

He experimentado falta de sentido la mayor parte de mi vida. Siempre pensé que era solo «depresión» y no tenía ni idea de que podría ser «más» que una depresión o algo diferente. La falta de sentido es destructiva para el alma; te aniquila y te quita la vida por completo. Literalmente se siente como que «nada importa» y que «no hay una buena razón para vivir» y «¿por qué molestarse?». Y es aún más doloroso porque nadie más en mi entorno parece sentirse así; o más bien, a las personas que lo sienten (en general, mujeres), todo el mundo (incluida yo misma) las tacha de unas «histéricas» y «neuróticas» por las que no merece la pena ni molestarse. Estoy emocionada de tener este nuevo marco de que debo crear sentido y de que puedo dejar de esperar que ocurra algún milagro trascendente. Ahora utilizo la Invocación 8 todo el tiempo, incluso para «invertir sentido» en cosas como lavar la ropa o preparar una olla de sopa. ¡Esto marca una gran diferencia en el mundo!

Si has tenido problemas con el sentido, eso te convierte en un verdadero moderno, no en un neurótico o una histérica. Como verdadero moderno, no tienes otra opción más que anunciar el sentido que tienes la intención de crear, confiar en tus propias elecciones y crear ese sentido. Usa la Invocación 8 como apoyo de tus intenciones.

KATH

Hace varios años experimenté una profunda falta de sentido y me pregunto si volverá a surgir en mi vida con la misma intensidad. Recuerdo haberle descrito a alguien que en ese momento de mi vida no podía ver los colores. No es que no pudiera verlos en realidad, sino que el impacto del color no me llegaba. Desde esos meses oscuros he experimentado episodios menores o variaciones de esa falta de sentido. Mi experiencia es de letargo, llanto y anhedonia: la incapacidad de experimentar placer. A veces ha tenido relación con trabajos estresantes y, otras veces, los síntomas parecen surgir de forma aleatoria. Para combatir estos sentimientos hago varias cosas. Por un lado, tomo antidepresivos; siento que han sido efectivos en la medida en que proporcionan un espacio o distancia entre la desesperación, el letargo o el vacío que parecen ser los síntomas que experimento. Lo que siento que ha sido aún más efectivo son mis esfuerzos por crear una vida laboral flexible y relativamente bien remunerada. He determinado que la flexibilidad en el horario y el lugar de trabajo me hace sentir mucho menos atrapada y mucho menos como una rueda en un engranaje. Esa parte ya la tengo relativamente bien resuelta, pero veo que aún hay más por hacer. Cada vez soy más consciente de cuándo no estoy centrada y me tomo el tiempo no solo para buscar mi centro de nuevo, sino también para notar qué sensaciones físicas y emocionales acompañan el sentirme descentrada. Todo esto es parte de mi proceso de crear mi propio sentido. Nunca supe qué parte de esa tarea recaía directamente en mí, pero ya se trate de «existir» o hacer algo activamente, necesito ser consciente para que tenga sentido. La Invocación 8 me está ayudando a hacer justamente eso.

Tal vez hayas experimentado depresión. Tal vez tomes medicación para combatir tu depresión. Prueba también con la Invocación 8. Si tu depresión se debe a tus problemas con la falta de sentido, la Invocación 8 puede ser un antidepresivo útil e incluso una cura completa.

SUSAN

Veo dos formas en las que la falta de sentido afecta mi vida y la vida de las personas a mi alrededor. Una está relacionada con nuestra cultura industrial, orientada a la producción y al consumo. Trabajamos para producir dinero y, al hacerlo, como los tontos con sus ladrillos, nos preguntamos qué estamos haciendo. Luego, nuestro clima económico consumista nos da una solución: comprar, comprar, comprar. Nos dicen que esa es la solución a nuestro problema. Sin embargo, tarde o temprano nos damos cuenta de que no lo es. La otra forma de falta de sentido surge como parte del ciclo natural de la creación. He observado en mí misma que el «invierno» antes de la «primavera», o el vacío antes de un nuevo comienzo es un tiempo en el que siento la falta de sentido. Es esta crisis de sentido la que me impulsa a crear algo significativo. Sigo adelante con el proceso de crear una nueva pieza, forjar un nuevo canal, encontrar una nueva técnica o probar una nueva clase. Aunque quizás no reconozca el sentido de inmediato, lo siento y me alimenta con el «nutriente» de sentido que necesito. Creo que lo más importante para mí es darme cuenta de que la falta de sentido no es un sentimiento equivocado. No necesito combatirlo, sanarlo ni temerle. Solo necesita ser reconocido, vivido y escuchado. Siempre tiene algo que decirme y, aunque pueda ralentizarme y frustrarme, sé que es esencial. Y creo que las invocaciones son herramientas maravillosas para lidiar con todo esto. Me ayudan a quedarme quieta, escuchar y sentir menos miedo del vacío antes de la creación, menos miedo del lienzo en blanco antes de pintar.

Siéntete orgulloso de haber dado el paso para ser un creador de sentido. Usa la Invocación 8 para fortalecer tu resolución y recordarte a ti mismo que crear sentido no solo es tu deber, sino una oportunidad de oro para elegir el trabajo que amas y la vida que deseas llevar.

12

Invocación 9:
Estoy abierto/a a la alegría

«Alegría» es la palabra que usamos para describir un sentimiento profundo y delicioso que a veces surge en nosotros tan solo porque el sol está brillando y nos sentimos bien por estar vivos. Pero debido a nuestro ritmo frenético, a nuestra mente preocupada, a nuestras dificultades existenciales y a las normas de nuestra cultura contra la experiencia extática, la alegría es bastante escasa. ¿Cuántas veces al día experimentas alegría? Probablemente muy pocas; tal vez ni una sola. ¿Con qué frecuencia las personas a tu alrededor parecen transportadas por la alegría? Apostaría a que rara vez, y tal vez nunca.

La ausencia de alegría nos descentra. La alegría calma la ansiedad, disipa la tristeza y fomenta el optimismo; cuando estamos menos ansiosos, menos tristes, y somos más optimistas, estamos más centrados. Imagínate sonriendo, feliz, disfrutando de ti y en un excelente estado de ánimo. ¿No es esa la imagen de una persona centrada? Ahora imagina que estás corriendo, con el entrecejo fruncido, una mueca en el rostro y un peso sobre el pecho. ¿Cómo de centrado te ves en esa imagen? ¿No es esa imagen el epítome de una vida descentrada?

Podríamos alegrarnos de ir a merendar con nuestro hijo, pero en cambio nos preocupamos por sus notas y por la colada que hay que hacer. Podríamos sacar un libro de arte de la estantería y disfrutar leyéndolo, pero eso parece un lujo dada la cantidad de quehaceres que tenemos. Podríamos hornear pan y disfrutarlo, pero primero tendríamos que lidiar con un sinfín de preocupaciones sobre calorías, azúcares y carbohidratos. Nuestra mente crea preocupaciones y cierra la puerta a la alegría. ¿Cómo podemos volver a abrir esa puerta?

Abrimos la puerta usando la Invocación 9, que te recuerda que la alegría está a tu disposición, que estás del lado de la alegría y que la alegría está permitida incluso en una cultura acelerada, práctica y centrada en la productividad. Puedes usar la Invocación 9 junto con la Invocación 3, la de nombrar tu trabajo, para crear una potente invitación a la alegría de veinte segundos. Podrías usar alguna de las siguientes frases en la Invocación 3 para acompañar la Invocación 9:

(Daré) (un largo paseo) y (estoy abierto/a) (a la alegría)

(Contemplaré) (el arte) y (estoy abierto/a) (a la alegría)

(Tomaré) (el sol) y (estoy abierto/a) (a la alegría)

(Esta reunión) (irá bien) y (estoy abierto/a) (a la alegría)

(Diez minutos de) (pura relajación) y (estoy abierto/a) (a la alegría)

(Escribiré) (durante el almuerzo) y (estoy abierto/a) (a la alegría)

(Una cena especial) (con Bill) y (estoy abierto/a) (a la alegría)

Pensar que podemos encontrar algo de alegría en nuestra hora del almuerzo o en nuestra próxima reunión no es precisamente un hábito que la mayoría de nosotros cultivemos, porque rara vez nos decimos a nosotros mismos que estamos buscando alegría. Entonces, perdemos oportunidades para experimentarla y también perdemos las ventajas de centrarnos al sentirnos bien. Prueba la Invocación 9 ahora mismo y comienza a hacer campaña para tener más alegría en tu vida.

Cómo usar la Invocación 9

SANDI

Solía desconfiar de mis sentimientos de alegría y me mantenía siempre enfocada en el trabajo. Tanto en casa como en la escuela me han enseñado a esperar lo peor. No fue hasta la universidad que alguien me señaló que la fe en la que me criaron podía ser motivo de alegría, que la misa podía ser una celebración. Pensé que estaban locos. Me criaron para creer que el trabajo era solo eso —duro, difícil y sin alegría— y ese sistema de creencias se infiltra y rodea todas mis experiencias. Puedo ver que tengo miedo real a la alegría. Temo que, si me permito sentirla, nada volverá a ser igual. ¿Y si esa sensación se va? ¿No sería peor que no sentir alegría en absoluto? Pero estoy intentando usar la Invocación 9 para apoyar la idea de que la alegría es algo bueno. También he incluido palabras como «jugar», «disfrutar» y «felicidad» en mi declaración de «nombrar el trabajo». Aun así, sigo sintiendo que estoy haciendo trampas y que me descubrirán. ¡Esos viejos pensamientos son tan difíciles de eliminar!

¿Te han criado para creer que la vida debía ser difícil y el trabajo, aburrido, y que incluso tu religión exigía deber? Borra esos mensajes ahora mismo. Imagínate al frente de una empresa de alta tecnología, cuya única función sea eliminar la idea de que la alegría es inadmisible. Enciende la máquina, siente cómo se calienta, escucha cómo comienza a zumbar. Experimenta la alegría que borbotea dentro de ti.

VANESSA

Al parecer, a nivel emocional, pienso que demasiada alegría puede llevar a la tristeza. A nivel intelectual, sé que eso no es cierto, pero es un sentimiento difícil de superar. Sospecho que parte de la razón tiene que ver con mi abuela materna escandinava. Ella ejerció una gran influencia en mi madre, quien a su vez tuvo una gran influencia en mí. Hay un viejo dicho escandinavo: «Ríe antes de la cena, llora antes de acostarte». Demasiada alegría es un poco aterradora, supongo, en especial si tu cultura te enseña desde niña a tenerle miedo. La otra razón por la que siempre he sentido que la alegría puede llevar a la tristeza es el temor de que, si las cosas van demasiado bien, debes tener cuidado. Ese miedo permea nuestra sociedad. Sospecho que nuestros antepasados puritanos siguen ejerciendo su influencia sobre nosotros en este aspecto. Así que uso la Invocación 9 como un recordatorio de las muchas alegrías que están a mi disposición si soy capaz de prestarles atención, si tan solo puedo esquivar mi educación y esta cultura puritana. Entonces, algo que nunca consideramos una alegría (como una mala hierba, por ejemplo) podría tener su lado alegre. ¡Podría verla como una hermosa flor morada!

Es posible que debas dejar a un lado tu cultura para experimentar la influencia centradora de la alegría. Imagínate esquivando tu cultura como si fuera un bache en tu camino. Las personas corren de aquí para allá; tú esquivas su energía. Las personas andan con el ceño fruncido; tú esquivas su estado de ánimo. Imagina que bailas una coreografía que va de esquivar la cultura.

TONI

Tengo idas y venidas con respecto a la alegría. A veces siento que es nuestro derecho innato, pero otras veces siento que es demasiado que esperar. Aun así, me empeño en intentar oler las rosas en el camino, aunque tenga que ser prudente en cómo comparto esa experiencia con los demás. Recuerdo una vez cuando mis amigos y yo estábamos en un casino y gritamos de alegría cuando ganamos cincuenta centavos. La mujer en la máquina junto a nosotros nos miró como si fuéramos su peor enemigo. Incluso he escuchado a gente decir que no es apropiado querer a un amigo; que solo la familia debe tener ese honor y que los amigos simplemente te deben caer bien. ¡Vaya! ¿En qué está pensando la gente?

Quizás debas ser prudente respecto a cuándo, dónde y cómo compartir tu alegría. ¡O quizás puedas ser embajador de la alegría! En cualquier caso, vive la alegría y deja los pensamientos y sentimientos negativos que te descentran.

ALLEN

La Invocación 9 me funciona dependiendo de cómo la use o la exprese. Por ejemplo, intenté usar «crear es una alegría» en lugar de «estoy abierto a la alegría», y eso me pareció una mentira absoluta. Esa afirmación no me parece cierta en este momento. Sin embargo, «está bien sentir alegría» me funcionó bien. Se trata más de darme permiso a mí mismo, de abrir una puerta a la posibilidad, que de intentar convencerme a la fuerza de que estoy sintiendo algo que no estoy sintiendo. Eso también me ayuda a enfocarme en el rayo de sol en la vida en lugar de en la nube, a enfocarme en lo que quiero en lugar de en cómo me siento.

Puede que la Invocación 9 no te brinde alegría instantánea. Tal vez solo te guíe en la dirección correcta, pero eso no es algo baladí.

MONICA

Para mí, la alegría no se presenta de una forma «explosiva» que no se pueda ignorar. Más bien, es pequeña, silenciosa y extremadamente fácil de pasar por alto. También parece estar relacionada con la gratitud y la apreciación. He oído que, por eso, los «diarios de gratitud» y los ejercicios de agradecimiento son tan exitosos, porque implican un intento deliberado de observar más de cerca y nombrar las cosas de la vida cotidiana por las que puedes estar agradecido. Creo que la alegría surge de ese tipo de mentalidad, así que estoy intentando usar la Invocación 9 no solo para recordarme estar abierta a la alegría, sino también para recordarme ser agradecida por lo que la vida tiene para ofrecer y valorar lo que tengo.

¿Y si la alegría es algo pequeño y silencioso? Entonces tendrás que guardar silencio para no pasarla por alto. Usa la Invocación 1 («me detengo por completo») y la 6 («abrazo este momento») para estabilizarte antes de dar paso a la alegría. De este modo, crearás una secuencia de tres invocaciones en treinta segundos para estar a atento a las pequeñas alegrías.

KAREN

Todos conocemos la experiencia de desear algo e imaginar la alegría que nos brindará tenerlo, pero cuando por fin lo conseguimos, pasa a convertirse en parte de esa vasta masa de cosas que damos por sentadas en nuestras vidas. Ya sea amor, algún objeto o algún logro, todo pierde su alegría cuanto más lo das por sentado. Entonces se me ocurrió que podría experimentar más alegría si lo conectaba con la Invocación 2 y la idea de soltar los resultados y las expectativas. ¡Y eso funciona de maravilla! Al crear un mundo de expectativas antes de comenzar, nos enfrentamos a una falta de alegría cuando las cosas no salen como esperábamos o incluso cuando se cumplen a la perfección. Cuando uso las dos invocaciones juntas, primero no esperando nada y luego abriéndome a la alegría, me doy cuenta de que la vida me sorprende y de cuánto amor hay en mi vida, de lo hermoso que puede ser el mundo. No había sentido esa sensación de sorpresa en mucho tiempo.

Observa las doce invocaciones otra vez y piensa cómo puedes conectar algunas de las otras once con la Invocación 9, ya sea antes o después. La conexión parecerá fuerte y perceptible en algunos casos, o forzada e impracticable en otros. De este modo comenzarás a percibir cómo combinar invocaciones, cómo elegir entre ellas y cómo puedes crear una secuencia de centramiento personal.

TAMARA

No soy particularmente desconfiada de la alegría. La busco y la encuentro con regularidad. Las experiencias y actitudes alegres son frecuentes en mi vida y veo cómo contribuyen a mi satisfacción y paz. Pero hay un nivel más profundo de alegría al que aspiro, una experiencia más intensa a un nivel fundamental, menos relacionado con experiencias y eventos que con el ser. ¿Estoy hablando de una alegría existencial? ¡Es muy posible! Tampoco desconfío de ella. Simplemente no he podido encontrar ese lugar dentro de mí durante largos períodos de tiempo. A veces pasan meses, e incluso años, sin que experimente alegría a ese nivel. Puedo ver que estar centrada tiene muchas, muchas capas. Experimentar la alegría como resultado de hacer es estar en el camino correcto, y eso es algo bueno. Pero estar en ese lugar centrado desde el que irradia la alegría, ser alegría, es aún más maravilloso y cautivador.

¿Quién sabe adónde puede llevar abrirse a la alegría? Tal vez conduzca a momentos de alegría y a un centro más estable. Tal vez conduzca a una forma de vida llena de sorpresa, asombro y satisfacción.

13

Invocación 10:
Estoy a la altura de este desafío

En ocasiones, nos descentramos cuando nos anticipamos a una tarea que consideramos difícil. Pensar en ella nos provoca ansiedad, lo que nos descentra al instante. Para muchos de nosotros, hay una gran cantidad de tareas que nos resultan difíciles, ya sea ordenar el garaje, hablar con nuestros hijos sobre su rendimiento escolar, continuar con nuestro matrimonio o levantarnos para ir a trabajar. Cuanto más sintamos que las cosas son una carga pesada, más descentrados estaremos.

Piensa en una de esas tareas que te resultan difíciles. Imagínala con la mayor tranquilidad posible —algo que no será fácil, ya que solo pensarlo aumentará tu ansiedad—. Nombra la tarea con precisión: «Debo limpiar el armario del pasillo»; «debo hablar con Johnny sobre su peso»; «debo decirle a Mary del trabajo que estoy cansado de cubrir siempre las horas extra». Acompaña ese pensamiento con la Invocación 10; respira y piensa: «(Estoy a la altura) (de este desafío)». Repite el proceso hasta que tengas la sensación de que realmente estás a la altura de afrontar el desafío.

Prueba la Invocación 10 hoy mismo, usándola para afrontar una de las tareas difíciles en tu vida. Primero, piensa en la tarea. Luego, anuncia cuándo planeas realizarla. Por ejemplo: «Hablaré con Johnny sobre sus hábitos alimentarios en cuanto llegue de la escuela, antes de que abra el frigorífico». Cuando se acerque ese momento, usa la Invocación 10 o alguna de las otras («confío en mis recursos», «me siento apoyado» o «hablo con Johnny») para mantenerte centrado. Y cuando escuches llegar a Johnny de la escuela, usa la Invocación 1 («me detengo por completo») para relajar la mente acelerada y la Invocación 10 («estoy a la altura de este desafío») para darte fuerzas.

¿Cuándo puedes usar la Invocación 10? Siempre que sientas que una tarea que debes hacer es difícil o cuando quieras enfrentarte a algo que has estado evitando. Tal vez haya una llamada laboral de la que no te has sentido a la altura; la próxima vez que pienses en ella, no descartes ni reprimas la idea, sino recurre a la Invocación 10. Respira y piensa: «Estoy a la altura de este desafío». Es probable que lo estés. Piensa ahora en algo que hayas estado retrasando y prueba si la Invocación 10 puede ayudarte a avanzar con nuevas fuerzas y valor.

Cómo usar la Invocación 10

JEAN

Tenía una tarea que pedía a gritos usarse en este experimento. No era algo demasiado difícil ni que me sobrecargara de ninguna manera; tan solo era un programa que tenía que desarrollar para que nuestros técnicos informáticos me lo convirtieran en una base de datos. Llevaba al menos una semana posponiendo la tarea; cada vez que tomaba el montón de papeles, me aburría y me irritaba tener que hacerlo, y dejaba que otras cosas me distrajeran enseguida. Pero esta vez, solo pensar en tener la Invocación 10 disponible me convenció de que podría terminar la tarea con facilidad. Elegí comprometerme a dedicar una hora a la mañana siguiente para realizarla con tranquilidad y me sentí aliviada al instante. Ya no tenía que llevar a casa una culpa persistente, porque sabía que lo haría. Descubrí que no tenía que pensar en ello durante la noche. A la mañana siguiente, probé la Invocación 10 y terminé el trabajo una hora antes de lo planeado. Simplemente estaba lista para abordarlo. Está claro que el «verdadero» trabajo estaba en mi actitud, no en la tarea. Lo sentí como un acto calmado, fácil y natural. ¿Cuántos problemas de este tipo podrían ser en realidad muy fáciles de manejar?

¿Acaso no depende exclusivamente de nuestra actitud que la mayoría de las tareas sean «fáciles» o «difíciles»? ¿Por qué esperamos tanto para cambiar la bombilla del garaje o decirle a nuestra pareja lo que nos molesta? Esperamos tanto porque nuestra mente se interpone. Usa la Invocación 10 para tomar el control de tu mente y comenzar a pensar en las tareas como algo alcanzable en lugar de algo difícil.

LESLIE

Limpiar mi espacio de trabajo fue la tarea que elegí. Realmente necesito un área de trabajo despejada y sin desorden, no cubierta por montones de cosas que debo completar antes de poder hacer algo más. No me sentía tranquila al pensar en esta tarea, porque he intentado limpiar mi escritorio en demasiadas ocasiones, pero utilicé la Invocación 10, la repetí varias veces y descubrí que estaba decidida a terminar la tarea. Me lo propuse y no hice nada más hasta que lo terminé. Fue un placer ver mi espacio de trabajo libre de desorden. Hay más por limpiar en el resto de la habitación, pero sé que puedo lograrlo. Es reconfortante saber que tengo estas invocaciones como recurso para ayudarme a lograr otras cosas que quiero hacer.

Enfócate en la emoción del logro, no en la dificultad de la tarea. Nombra tu trabajo: «(Estaré encantado/a) (de terminar)» y combínalo con la Invocación 10 para crear una herramienta poderosa de veinte segundos de motivación.

SUSAN

Probé con tres tareas difíciles: afrontar una tarea no deseada en el trabajo, enfrentarme a un vecino entrometido en el camino a casa y abrir una carta con una crítica de mi primer cuento en un curso de escritura. Elegí la tarea del trabajo porque era la más inmediata, al vecino porque hacía demasiado tiempo que temía volver a casa por culpa de este hombre y la carta en cuanto abrí el buzón y la vi allí. Estaba nerviosa por haberla recibido, así que fue una elección natural. Al principio, era escéptica de que la Invocación 10 pudiera ayudar con cualquiera de estas cosas, en especial cuando no parecía hacer que la primera tarea fuera mucho más fácil. Creo que cuando la tarea es tan solo aburrida o cuando me siento perezosa, puede que la Invocación 10 no funcione muy bien en mi caso. Pero resultó realmente útil para la segunda tarea. Repetí la Invocación 10 todo el camino a casa y, cuando llegué, usé la Invocación 3 y respiré y pensé: «John no controla mi vida». Eso me hizo sentir muy bien. El mejor momento fue antes de abrir la carta. Para cuando terminé de repetir dos o tres veces la Invocación 10, en realidad estaba deseando abrir la carta e incluso aceleré la última invocación para abrir el sobre. A veces, ni todo el autodiálogo positivo, la respiración profunda y la meditación del mundo tienen efecto en mí si mi nivel de ansiedad está fuera de control. Sin embargo, para las tareas que son difíciles, pero aún manejables, puedo ver que la Invocación 10 sin duda ayuda.

Tal vez algunas veces sientas demasiada ansiedad y la Invocación 10 por sí sola no funcione. Tal vez, a veces, el desafío sea demasiado difícil y no puedas hacerlo. Es sencillo imaginar situaciones en las que la Invocación 10 no lo solucione todo, pero que funcione tres de cada diez veces, ¿no sería ya un pequeño milagro?

TINA

Decidí trabajar en un proyecto que había dejado de lado durante demasiado tiempo. Mi objetivo era «terminarlo», pero noté que ponerme esa presión es lo que me lleva a dejarlo y a que mis esculturas siempre tarden más en terminarse de lo que me parece. Ojalá pudiera recordar que duren lo que duren es parte del proceso. Me concentro demasiado en ser productiva y termino sintiéndome culpable, estresada y paralizada. Al principio, me vinieron a la mente varias tareas, de hecho, demasiadas, pero las reduje a tres y luego decidí que sería mejor concentrarme solo en una. ¡Eso por sí solo ayudó! Usé la Invocación 10, logré trabajar en la escultura y me acerqué más a terminarla. Puedo ver cómo, si lo permito, la Invocación 10 puede ayudarme a concentrarme en una tarea a la vez en lugar de sobrecargarme con demasiadas tareas al mismo tiempo.

Que «estoy a la altura de este desafío» represente «estoy a la altura de este desafío y me concentro en él, no en otros ochenta y tres desafíos a la vez». Utiliza la Invocación 10 para animarte y para enfocarte en la tarea.

GERRY

Elegí abordar la edición de mi libro de cuentos, que he estado posponiendo durante ocho semanas. Mi editor está esperando las revisiones. ¡Necesito hacerlo! En realidad, se me ocurrieron varias tareas, pero esta es la más urgente y probablemente también la más complicada. Sin embargo, con las invocaciones como recurso, me sentí tranquilo y decidido. Me han ayudado a concentrarme y a darme cuenta de que, dado que debo hacer esta edición, mejor me relajo y me concentro en ello. Apenas he comenzado el proceso, ¡y llevará días! Pero la Invocación 10 ha sido muy útil, y estoy seguro de que continuará siendo una bendición mientras trabajo para completar la revisión.

Muchas tareas no se resuelven en un abrir y cerrar de ojos, y pueden tardar horas, días, semanas, meses o años. Puede que necesites usar la Invocación 10 mil veces mientras escribes tu novela o creas tu negocio. Hazlo, está a tu disposición.

GEORGINA

Elegí como mi tarea difícil continuar trabajando en una caja de madera que estoy haciendo. Es algo que quiero terminar. Me vinieron muchas tareas a la mente, pero esta es una prioridad ahora mismo. Me sentí más tranquila sabiendo que tenía las invocaciones como recurso, pero, lamentablemente, fue uno de esos días que se me escapó por completo y nunca encontré un momento conveniente para intentarlo. Así que, excepto por algunos trabajos preliminares, no logré completar la tarea en absoluto. Aunque me siento decepcionada de no haber logrado terminar hoy, veo que no la saqué por completo de mi conciencia, lo cual para mí es una señal positiva. ¡Ah, siempre optimista!

Usar las invocaciones y los diez segundos de centramiento te ayudará a ser más consciente, a centrarte más y a estar listo para emprender la tarea que te ocupa. Aunque no completes una tarea en particular el día de hoy, con el uso regular de las invocaciones tendrás más posibilidades de lograrlo mañana.

JENNIFER

Elegí como mi tarea difícil enfrentarme a mi obstinada hija para que complete el examen *online* de la autoescuela, que debía estar en la sede de Tráfico dentro de tres días. Esta tarea ha sido muy difícil porque nuestra relación está tensa y necesitaba mantener el enfoque en hacerlo sin provocar una discusión o más retrasos. Si ella no completa el examen, las tarifas del seguro del vehículo, de las que todavía soy responsable, aumentarán drásticamente. Pensé en muchas tareas difíciles, pero esta era la más inmediata. Me preparé usando la Invocación 10 y también algunas más. Pero hubo una demora, tal vez de al menos una hora, antes de que surgiera la oportunidad de hablar con ella. Aun así, durante todo ese tiempo, me sentí tranquila y preparada. De hecho, resultó que ella necesitaba muy poca inducción. Yo había preparado la pregunta: «¿Cuándo comenzarás a hacer el examen de la autoescuela? Tiene que enviarse al tribunal mañana». Resultó que ella había respondido a un correo electrónico que yo había enviado dos días antes y ya tenía casi todo el examen resuelto. Creo que la interacción resultó mejor por haber llegado tranquila y preparada.

Estar preparado y sentirse centrado y a la altura de los desafíos de la vida es algo mágico. Usa la Invocación 10 para afrontar los desafíos de hoy.

14

Invocación 11:
Entro en acción

Cuando nos sentimos descentrados, dudamos de nuestra capacidad de tomar buenas decisiones o de realizar tareas importantes. Aunque parecemos ocupados, la actitud de fondo es pasiva, pues seguimos la corriente mientras ponemos la cena sobre la mesa o hacemos una llamada laboral. Y esa pasividad, a su vez, nos descentra más. Sabemos que debemos abordar determinados problemas con nuestra pareja o hacer un cambio en nuestra carrera, pero estamos demasiado ansiosos y pasivos para hacerlo. Luego, la incapacidad de avanzar nos provoca culpa y nos descentra todavía más. Y ese círculo vicioso lleva a la depresión, a enfermedades relacionadas con el estrés y a adicciones. Finalmente, jugar a videojuegos, ir de compras o tomar una copa comienzan a reemplazar a la acción real.

Ni parecer ocupados, ni comportarnos de forma compulsiva son antídotos a la pasividad. Entrar en acción sí lo es. Cuando te encaminas con intención hacia una actividad significativa para ti, ya sea tener una conversación con tu hijo, ser voluntario en un refugio o levantar tu negocio, cortas las cadenas que te hayan estado reteniendo. La acción tiene un gran poder de sanación y, en general, es un tratamiento efectivo para un ataque de ansiedad o de depresión.

Si notas que pasas demasiado tiempo en el sofá, piensa en una acción y utiliza la Invocación 11 para apoyar tu intención de actuar. Puedes utilizarla sola o combinada con la Invocación 3, en la que nombras tu trabajo. Si debes cumplir cierta tarea, pero no encuentras motivación, usa la Invocación 11, reforzada o no con la Invocación 10. Cuando no puedas hacer frente a ese montón de facturas por pagar, a esa tubería rota, a las quejas de tu colega o a tu trabajo creativo, y sepas que lo único que necesitas es actuar, usa la Invocación 11.

Cómo usar la Invocación 11

BARBARA

Había estado evitando dos escenas de una novela en progreso. Sabía lo que necesitaba lograr en esas escenas, pero como tocaban bastante cerca lo personal, temía que escribirlas fuera una experiencia demasiado emocional. Me seguía diciendo que este tipo de escritura emocional suele ser la más poderosa y que podría disfrutar escribiéndolas si las abordaba con la actitud correcta. Pero aún sentía una gran resistencia y la pasividad que has estado describiendo. Sentía como si tuviera que mover una carga de diez toneladas para llegar al ordenador y no me sentía capaz de moverla. Intenté usar varias invocaciones, pero solo logré mirar el ordenador. Supongo que no podía confiar en mis recursos, enmarcarlo como un desafío o lo que fuera. Luego recurrí a la Invocación 11. Mantener en mente la idea de entrar en acción por fin pareció ayudar. Tardé algo de tiempo en comenzar, pero al final lo logré: pude hacer un borrador de la primera escena. No sé si la Invocación 11 fue realmente lo que lo hizo posible, pero de todos modos estoy agradecida. Ahora tengo que enfrentarme a la segunda escena y no estoy segura de si será más fácil esta vez, pero me alienta pensar que, si sigo centrada en entrar en acción, podré actuar.

Tal vez te sientas como una tonelada de ladrillos, tal vez creas que nada te pondría en movimiento, te motivaría o superaría la inercia. Pero puede que te sorprendas, ya que ¡no pesas una tonelada en realidad! Tal vez decir algunas palabras de aliento haga su magia; tal vez una breve y calmada llamada a la acción sea todo lo que necesitas. Dale una oportunidad.

ALICE

Mi madre ha estado muy enferma recientemente. Debíamos respetar la forma en que ella quería afrontar su enfermedad, pero al mismo tiempo había cosas que creíamos que debía estar haciendo para tener una mayor oportunidad de sobrevivir. Así que nos sentíamos muy atrapados, sin querer invadir su espacio, pero deseando desesperadamente transmitirle toda la información y consejos que estábamos recopilando. Utilicé varias de las invocaciones para mantenerme centrada durante este tiempo, en especial en lo que respectaba a la confianza y el apoyo, pero eso no me ayudaba a decirle a mi madre lo que quería decirle. Luego probé la Invocación 11, que sonaba mucho más suave cuando la decía que cuando la veía escrita en la página. Usarla me permitió tener una conversación que de verdad necesitaba tener con mi madre, que la impulsó a tomar medidas que probablemente hayan salvado su vida.

Cuando te centras y entras en acción, generas una reacción en cadena maravillosa y haces que otros también se centren y entren en acción.

JODIE

Realmente necesitaba despejar y poner en orden mi escritorio. Trabajo desde casa, así que cuando el desorden se magnifica, estoy en un auténtico lío. Pero ni siquiera podía decidir que limpiar mi espacio de trabajo fuera una prioridad. Me cuesta mucho tomar decisiones, tal vez porque nunca se me permitió tomar ninguna cuando era niña, así que incluso algo tan simple como decidir qué hacer a continuación puede convertirse en un obstáculo. Este es el patrón: mi escritorio se va llenando poco a poco a medida que atiendo mis asuntos en casa. Mientras tanto, la encimera de la cocina se llena de correspondencia sin clasificar, la mesa del comedor se sobrecarga con todo tipo de cosas, y empiezo a evitar esas habitaciones y me muevo a mi dormitorio, que pronto se ve tan desordenado como mi escritorio. Claro que no puedo limpiar la cocina, el comedor ni el dormitorio hasta que el escritorio esté en orden, pero me siento atrapada, incapaz de despejarlo, y entonces no hago nada. Decidí probar la Invocación 11. Primero lo retrasé y me puse a jugar a innumerables videojuegos, pero al final, después de haber desperdiciado una hora y media, me senté e intenté la Invocación 11. Me levanté, caminé hacia mi estudio, me acerqué a mi escritorio, me desvié hacia el ordenador, me volví a enfocar y tomé el primer objeto de mi escritorio y decidí qué hacer con él. Luego tomé el siguiente objeto, y así sucesivamente. Me fui relajando cada vez más en el proceso, hasta que llegué al punto de preguntarme por qué había estado posponiéndolo.

Puede que la Invocación 11 no funcione la primera vez y quizás sigas perdiendo el tiempo. La clave es seguir intentándolo. Después de media hora frente al televisor, prueba la Invocación 11. Puede que, de pronto, te sientas con energía renovada y listo para la acción.

ADAM

Necesitaba escribir una propuesta de subvención. El primer paso era diseñar el borrador de un folleto promocional de una sola página, pero se acercaba la fecha límite y ni siquiera estaba seguro de postularme. Pensé en usar las invocaciones para ponerme en marcha, pero el mero hecho de pensar en usarlas me generó mucha ansiedad. De hecho, me levanté y salí de la habitación por miedo. Pero me detuve en el pasillo y, sin tener claro que elegiría esa en particular, decidí probar la Invocación 11. Fui directamente a mi escritorio, entré en pánico un momento, usé las invocaciones de «recursos» y «confianza» para calmarme, y empecé. Pasé una hora trabajando en ello y terminé el borrador. Lo que esto me demuestra es que mi miedo es solo superficial y que, si puedo detenerme y recurrir a las invocaciones, puedo afrontar todas las cosas que parecen tan aterradoras. ¡Qué lección!

Tal vez tu miedo sea solo superficial. ¿No sería eso algo a lo que prestar atención? Quizás una simple llamada a la acción pueda disiparlo al instante.

THERESA

Tenía un problema con mi hijo de nueve años. Había pasado por un divorcio, y tanto él como yo nos habíamos estresado por tener que mudarnos, por mi nuevo trabajo de más horas, por su cambio de escuela y por todas las demás cosas dolorosas que vinieron con la ruptura. Luego comenzó a tener problemas en la escuela: se metía en peleas. Yo sabía que tenía que hacer algo, pero no sabía qué. La escuela sugirió iniciar una terapia, mi madre sugirió que usara la iglesia, y mis amigos tenían todo tipo de ideas. Pero yo sentía que había alguna acción que yo misma podría emprender, alguna acción simple que marcaría la diferencia. Así que utilicé la Invocación 11 para orientarme hacia la acción. Respiré y pensé en la Invocación 11 varias veces y luego me dirigí directamente al cuarto de Bobby. No sabía lo que iba a hacer hasta que lo hice. Lo abracé y lo sostuve cerca de mí, y eso llevó a que habláramos sobre el divorcio por primera vez, a que ambos lloráramos y, finalmente, a un cambio para mejor en el comportamiento de Bobby en la escuela. Creo que la Invocación 11 no solo ayuda a una persona a emprender acciones, sino que también nos señala la dirección de la acción que debemos intentar.

Es posible que no sepas qué intentar en un nivel consciente. En ese caso, usa la Invocación 11 para que te ayude a comprender la situación de forma instintiva.

MATT

Soy profesor de lengua en la escuela secundaria y me encanta lo que hago, pero cada domingo por la noche me encuentro con un montón de trabajos escolares por leer y corregir, redacciones que he estado cargando todo el fin de semana. No sé por qué corregir me parece tanto trabajo, pero lo es. Arruino cada fin de semana al no ocuparme de esos papeles a primera hora del sábado y terminarlos antes del mediodía. Solo tardo cuatro horas en corregir un grupo de trabajos, pero me quejo de esas cuatro horas después de haber trabajado toda la semana, o tal vez el problema sea algo completamente diferente. En realidad, no lo sé. Pero decidí probar algo nuevo el sábado pasado. En lugar de meter en mi mochila los papeles y actuar como si los fuera a corregir en una cafetería, puse el montón en la mesa del comedor, me serví una taza de café y respiré y pensé la Invocación 11 unas diez veces. A las once de la mañana ya había terminado con la pila y salí a celebrarlo con un helado bien grande.

Si cambias tu rutina para que promueva la acción, podrías lograr tus objetivos sin la necesidad de la Invocación 11. Es probable que Matt se haya asegurado un resultado exitoso al sentarse en el comedor en lugar de mEter los ensayos en su maletín.

SAM

Hago una distinción en mi mente entre estar ocupado y estar activo. Estar ocupado es solo hacer lo que hay que hacer, las cosas aburridas del trabajo, las cosas igual de aburridas de la casa. Casi nunca estoy centrado cuando hago esas cosas y me meto en muchos pequeños accidentes y dramas por ello, ¡incluso algo tan simple como ser propenso a cortarme con papel! Cuando pienso en mi yo activo, me imagino montando en bicicleta por un camino rural, contándoles un cuento de hadas que inventé a mis hijas, con voces diferentes para cada personaje, u organizando una fiesta para amigos a quienes no he visto en mucho tiempo. Para mí, estar «activo» me genera alegría y también tiene sentido para mí; por eso la Invocación 11 resuena tanto conmigo. Es como una mezcla entre una llamada a la acción y una invitación a jugar.

Combina la Invocación 9, «(Estoy abierto/a) (a la alegría)», con la Invocación 11, «(Entro) (en acción)», para que tus actividades sean pura alegría.

15

Invocación 12: Regreso con fuerza

Cuando usas las invocaciones para centrarte, entras al instante en un estado meditativo. Uno de los «trucos» que logran los ejercicios de centramiento es que no solo regresas centrado y renovado del estado meditativo, sino que te sientes poderoso y a la altura de cualquier tarea que debas realizar a continuación. Las técnicas tradicionales de centramiento y meditación presumen de un regreso más centrado, presente y con los pies en la tierra, pero no suelen incluir una transición explícita para volver al mundo listo para retomar el trabajo. La función principal de la Invocación 12 es ayudarte en ese aspecto.

No vuelves de la práctica de centramiento sin nada que hacer ni nada en mente, sino que tienes por delante todo lo que una persona seria y comprometida debe hacer. No te centras para dejar de vivir, sino para hacerlo en más profundidad. Hacerlo implica compromiso, acción y esfuerzo, y todo ello requiere fuerza de tu parte. Entonces, después de centrarte con alguna invocación como «confío en mis recursos», añades la Invocación 12, «regreso con fuerza», para volver al mundo empoderado. Lo que dices en realidad es: «Confío en mis recursos y regreso de los diez segundos de centramiento con fuerza».

113

No tienes que «hacer algo significativo» después de regresar con fuerza. Puedes sentarte tranquilamente, dormir una siesta, ver la televisión, podar las rosas o lavar los platos. Cualquier variante de «nada» o de «algo» que elijas. Puedes tan solo, sosegadamente, ser uno con el universo. Pero, en algún momento, tendrás algo que hacer, algo que requiera de tus habilidades y te conecte con tus objetivos, sueños y deseos; al «regresar con fuerza» con regularidad, te preparas para ese trabajo.

«Regreso con fuerza» no quiere decir «¡de vuelta a la locura!», sino que su intención es empoderarte para que te sientas a la altura de tu trabajo. Esta invocación puede usarse sola en cualquier momento que quieras marcar el paso de una actividad o fase a otra; por ejemplo, después de una reunión de trabajo antes de volver al montón de documentos pendientes en tu escritorio, durante la obra en la que participas o después del almuerzo para volver al trabajo.

Cuando te centras, te sientes tranquilo y más fuerte, pero no son ideas contradictorias ni independientes, sino que encajan a la perfección. Quieres volver al mundo tranquilo, centrado y listo para la acción. Practica la Invocación 12 hasta que sientas su propósito en profundidad; puede que se convierta en una de tus preferidas.

Cómo usar la Invocación 12

BETTY

He usado mucho la invocación de «regreso con fuerza» y me gusta más que el resto. Antes de sufrir una lesión en la espalda que terminó con mi carrera, levantaba pesas y competía a nivel nacional. De todos los deportes que he practicado a lo largo de los años, ese fue el más desafiante, el que requería la mayor voluntad y concentración, el que me daba mayor miedo y me exigía un nivel significativo de fuerza física y mental. Aunque ya no puedo levantar pesas pesadas, muchas de las lecciones que aprendí en el levantamiento de pesas sobre habilidad, miedo, dolor, fe, persistencia y éxito siguen conmigo. Siento que va conmigo la invocación de «regreso con fuerza». Si me he sentido cansada, esa frase de «fuerza» me hace tener fe en mi capacidad para reunir energía. Si me he sentido desubicada, me da la fuerza para enfrentarme de lleno a mi ánimo bajo. Si me he sentido bien, me parece un regreso al vigor y la efectividad. Me sorprende que todo esto tenga tanto sentido para mí y que no se me hubiera ocurrido hacer algo así antes. La meditación nunca funcionó para mí como lo hace esto.

Al igual que Betty, quizás puedas englobar las lecciones que has aprendido en tu vida sobre disciplina, persistencia y éxito en la frase de «regreso con fuerza» y usarla como una cápsula mágica que contenga tus secretos para reunir valor. ¿Cuántas veces has tenido que levantarte después de caer? ¿Cuántas veces te has sorprendido al lograr algo que nunca habías creído posible? La Invocación 12 puede contener todos esos recuerdos en una cápsula de diez segundos.

ROB

Solía practicar el budismo zen e incluso iba a retiros de meditación de una semana. Así que la Invocación 2, «No espero nada», me resonó bien desde el principio. Pero nada en la práctica zen te prepara para los desafíos del mundo real a los que me enfrento como administrador de un hospital. Zen es una fuerza que calma, pero la quietud por sí sola no equivale al poder, y por eso muchos occidentales que lo practican parecen letárgicos e incluso deprimidos. Me encanta lo que el zen tiene para ofrecer, pero necesita algo adicional que la Invocación 12 proporciona. Así que uso las invocaciones 2 y 12 juntas para una experiencia de «fuerza zen» de veinte segundos.

La quietud es hermosa, pero no es suficiente. Si quieres vivir de acuerdo con tus principios, te enfrentarás a muchos desafíos, que requieren que manifiestes tu fuerza.

CAROL

«Regreso con fuerza» significa volver a lo que sea que esté haciendo con una capacidad renovada de resistir los embates de la vida diaria, para acercarme al ojo del huracán en lugar de quedar atrapada en los vientos caóticos del exterior. Significa renovar la fe en mí misma y en mi capacidad para gestionar las cosas. También significa que no me afecte negativamente cada opinión que salga de la boca de otra persona. Uso la Invocación 12 cuando me enfrento a algo importante, cuando me siento indecisa o cuando mi entorno me afecta demasiado. Me gusta tener una invocación para usar cada vez que me siento desequilibrada o un poco asustada. La Invocación 12 parece atar esos cabos sueltos flotantes en mi vida y anclar todo el proceso de centramiento.

Tal vez sientas mucha ansiedad fluctuante en tu vida. En un momento puede deberse al recuerdo pasajero de una factura sin pagar y, al instante siguiente, al hecho de pensar que llegas tarde. Estos pensamientos pasajeros nos mantienen ansiosos el día entero; cuando percibas que aparece uno en tu mente, contrarréstalo de inmediato con la Invocación 12 y llévate de regreso a un estado de bienestar físico y mental.

BOB

Ayer, mientras lidiaba con un gato muy enfermo que parece no mejorar, fue difícil encontrar la fuerza para actuar. Fui a la función con mucha tristeza y pesar. Pensé en cuál era mi trabajo e intenté reducir esos sentimientos al mínimo. Mi tarea básica como cómico es hacer reír, lo que en realidad significa dar placer, así que nombré mi trabajo como «genero placer». «Eso puedo hacerlo —pensé—, ya lo he hecho antes, incluso cuando estoy triste.» Luego añadí la Invocación 12 para encontrar la fuerza que no sentía y, de hecho, generé placer y me di cuenta de que actué sorprendentemente bien. Incluso pude llenar esos momentos entre las bromas y los trucos con algo de juego profundo, una señal indudable para mí de que estaba presente y conectado con mi público.

Cuando no te sientas física o emocionalmente a la altura, prueba la Invocación 12. Al anunciar que regresas con fuerza, reúnes esa fuerza para sacar el mayor provecho de tus recursos agotados.

ELLEN

Para mí, «regreso con fuerza» significa volver de un momento de centramiento sintiéndome integrada, enfocada y más fuerte por haber tomado la decisión consciente de hacer el trabajo. Expresa una intención sobre cómo lo haré y sobre qué elementos son importantes en el proceso. Esta forma de ser es deliberada e implica que estoy pensando las cosas, no respondiendo de forma impulsiva a algún estímulo. Al ser música de orquesta y tener que «entrar» una y otra vez durante una interpretación, prácticamente regreso con fuerza de manera automática cada vez. No sucede lo mismo durante los ensayos, cuando el director exige que hagamos cambios. Entonces, no solo interviene la memoria muscular, sino también la mente, así que es allí donde me resulta útil la Invocación 12. Cada vez que el director nos detiene y nos dice qué cambio quiere, tomo una respiración profunda antes de comenzar de nuevo y siento cómo mi fuerza regresa.

En lugar de responder a estímulos, puedes controlar tus pensamientos, sentimientos y respuestas con la Invocación 12. Ante un suceso —el director blande la batuta como un látigo y critica a la sección de cuerdas—, en lugar de reaccionar, te centras y decides cómo quieres actuar al instante siguiente: tranquilo en vez de agitado, fuerte en vez de débil.

FAY

«Regreso con fuerza» parece decirlo todo. Durante años he dicho cosas como «es hora de trabajar», y esas frases no me han ayudado a centrarme ni a enfocarme en absoluto. Durante un tiempo usé «la vida sigue», pero tenía un tono algo triste, como si hubiera dejado un estado superior y tuviera que regresar a lo mundano. Una frase como «fuerza y valor» de alguna manera implicaba que lo que fuera que tuviera que afrontar a continuación sería sumamente difícil, por lo que solo parecía tener sentido usarla en esa clase de situaciones. También intenté «vida auténtica», pero era demasiado abstracta. «Regreso con fuerza» hace el trabajo que todas estas frases intentaban lograr.

Quizás hayas probado otras frases para centrarte que no han tenido éxito. Dales ahora una oportunidad a las doce invocaciones. Cada frase se ha sometido a pruebas y ha demostrado funcionar para mucha gente. Algunas de ellas pueden ser mágicas para ti.

GRACE

Las transiciones siempre han sido difíciles para mí, así que usar la Invocación 12 parece ser una parte importante del proceso de centramiento. Cuando corro de una cosa a otra, no reconozco lo difíciles que pueden ser las transiciones entre el trabajo y el hogar, entre mi trabajo diario y mi trabajo creativo, entre estar sola y relacionarme con otras personas. La Invocación 12 me recuerda que estaba en un lugar interior y regreso al mundo exterior, fortalecida y capaz de afrontar la realidad con más claridad.

Los días son una serie de transiciones y cada una de ellas requiere que nos centremos y regresemos con fuerza. Dado que nos vemos obligados a enfrentarnos a muchas transiciones, la Invocación 12 podría ser el mantra para centrarnos más útil de todos.

16

Cómo usar las doce invocaciones

Hayas intentado, o no, las doce invocaciones y los diez segundos de centramiento, ya debes comprender mejor cómo funciona el proceso. Como habrás leído en los testimonios, la gente las ha utilizado de acuerdo con sus necesidades, preferencias y circunstancias. No hay reglas para utilizarlas, ni guías, ni programas, ni dogmas, sino tan solo la idea de utilizar una respiración larga y profunda como método de centramiento y como contenedor de un pensamiento específico. Es difícil presentar una idea más sencilla o menos adornada; este método es tan simple que puede que ya te sientas listo y dispuesto a intentar los diez segundos zen.

Cada una de las invocaciones representa una idea de aquello que te lleva a centrarte. Si puedes detenerte por completo, te encaminarás hacia tu centro. Si confías en tus recursos, te encaminarás hacia tu centro. Si das sentido a las cosas, te encaminarás hacia tu centro. Y así sucesivamente. No existe un orden ni una jerarquía en las invocaciones. Cada una de ellas es un concepto independiente que será acertado probar en un momento dado, según sea tu estado de ánimo y tu situación.

Escoger una invocación

Puedes elegir una invocación, memorizarla y utilizarla durante un tiempo para ver cómo te funciona el proceso a ti. Lee la lista de invocaciones (o, mejor aún, practica las doce) y escoge una que será tu invocación para centrarte. El resultado esperable es crear tu propia invocación que sirva como mantra de centramiento universal; lo veremos en profundidad en el capítulo 18. Algunas personas han elegido invocaciones como «(aquí) (y ahora)» o «(luz) (y paz)» en lugar de las mías, o en combinación con las mías, y les han resultado muy valiosas. De todas formas, aconsejo probar con las invocaciones propuestas antes de crear una propia, pues cada una de ellas tiene un contenido importante.

Siempre tendrás que crear tu propia invocación cuando uses la Invocación 3, la que consiste en nombrar tu trabajo. Veamos cómo la han utilizado algunos clientes.

LESLIE

Para mi sorpresa, me encontré diciendo: «(Dejo ir) (a mi familia)». Mi hijo y mi nuera habían venido de visita desde Vermont el día que se entregaban los premios en el internado de mi nieta y para pasar las vacaciones escolares. Mi hijo me dijo que querían pasar este tiempo solo con su hija, así que, excepto por la ceremonia de entrega de premios, no los veía. Aunque eso tenía sentido en mi mente, emocionalmente fue más difícil, a pesar de que sentí algo de ligereza y alivio por tener tiempo para trabajar. Me pareció adecuado usar la Invocación 3 para ajustarme a la idea de que no ver a mi familia fuera «mi trabajo».

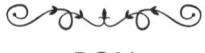

RON

Ayer tuve un día difícil y, luego, una mala noche. Intenté algunas de las invocaciones para tranquilizarme lo suficiente para dormir, pero el sueño no llegaba. Así que intenté la Invocación 3 y dije: «(Me dejo llevar) (por el sueño)». Es curioso pensar en el sueño como «trabajo», pero sabía que eso era justo lo que tenía que hacer a las tres de la mañana. Probablemente me hubiera dormido de todos modos, pero la Invocación 3 pareció ayudar mucho en ese momento.

SANDY

Comienzo a darme cuenta de que puedo nombrar todo tipo de trabajos: limpiar un armario de cocina, sacar mis pinturas, perforar los agujeros en la base de una escultura, e incluso darme una ducha. Hay algo en la sensación del tiempo que realmente me gusta. Estoy habituada a fijar metas para una hora, una semana, un mes, incluso para toda mi vida, pero esto de nombrar el trabajo se siente como algo más en el presente. Me gusta mucho este proceso. ¿Quién hubiera imaginado que pensar en «(me doy) (una ducha)» podría tener un efecto tan tranquilizante y centrador?

Permiso para centrarse

Puedes usar una sola invocación de manera regular. También puedes usar varias, de modo que uses la Invocación 1 en una situación, en otra la Invocación 2 y así sucesivamente. Puedes combinarlas, usando dos o tres a la vez. Puedes usar una secuencia de seis invocaciones juntas, a la que llamo la Secuencia de Centramiento (descrita en el capítulo 21), y también puedes crear tus propias invocaciones. Sin embargo, primero necesitas comprender la idea básica.

Considera la siguiente situación hipotética: la presión en tu trabajo ha ido en aumento, una tarea que era tu responsabilidad se gestionó con ineficiencia, y te sientes estresado e incluso un poco enfermo. Ahora, tu jefe te deja un mensaje de voz diciendo que quiere reunirse contigo en quince minutos en un tono algo ominoso. Lo peor de esta reunión repentina es que quieres desahogarte, pero sabes que desahogarte es lo último que deberías hacer. No vas a ganar nada quejándote o intentando explicar por qué el proyecto salió mal, por lo que sabes que lo más sensato es controlarte y centrarte antes de la reunión.

Entonces decides hacer un pequeño ejercicio de centramiento de diez segundos. ¿Qué invocación deberías usar? Obviamente, «me detengo por completo» tiene sentido, ya que has estado corriendo demasiado y sabes que detenerte es la única forma de recomponerte. «No espero nada» tiene su propia lógica, ya que intentar anticipar qué dirá tu jefe solo te hará sentir más ansioso y a la defensiva. Sería bueno si pudieras aplacar tu miedo a un resultado negativo usando la Invocación 2.

Podrías centrarte nombrando la reunión como tu trabajo. Podrías afirmar que confías en tus recursos. Podrías declarar que te sientes apoyado, en especial porque tu jefe siempre ha estado a tu lado. Podrías respirar y pensar «abrazo este momento» para recordarte que no puedes escapar y que lo mejor es estar presente. Podrías usar «soy libre del pasado» para dejar ir el mal sabor de boca que te ha dejado el fracaso del último proyecto.

Podrías enmarcar la reunión como una oportunidad para crear sentido, como un paso necesario e incluso útil en tu camino con esa organización. Podrías intentar darle la vuelta a la situación buscando no solo el lado positivo, sino hasta sacarle provecho al respirar y pensar: «Estoy abierto a la alegría». O podrías declarar que te sientes capaz de afrontar este reto, lo creas o no, o afirmar que estás a punto de tomar una acción necesaria y que pasar a la acción es estupendo. Podrías levantarte, lavarte la cara en el baño e invocar «regreso con fuerza» para prepararte para la reunión.

En resumen, podrías usar cualquiera de las doce invocaciones. Cada una tiene su lógica, su propósito y su poder especial para centrarte, pero lo que es vital es que realmente te detengas y te centres. Importa menos qué invocación elijas que el hecho de elegir una y usarla, pues lo que te ayudará de verdad es el acto de usar una respiración larga y profunda con un pensamiento específico, ya sea «me detengo por completo» o «estoy perfectamente bien». Unir la respiración profunda con cualquier pensamiento afirmativo y resonante te centrará.

La cuestión principal es que tú debes darte permiso para detenerte y centrarte. Podrías estar pensando: «Bueno, ¿por qué no querría detenerme y centrarme? ¿Por qué lucharía contra esa idea?». De hecho, podrías luchar contra la idea de centrarte por una serie de razones importantes. Por una parte, estar centrado significa estar consciente, y a veces preferimos hacernos los desentendidos. Nuestra naturaleza defensiva se interpone en el camino de un centrado consciente.

Es posible que no quieras centrarte porque estar centrado es un estado libre de dramas, y tal vez prefieras los dramas despreocupados que permite el hecho de estar descentrado. No puedes conducir tu coche de manera imprudente entre el tráfico, tirar el dinero del alquiler en boletos de lotería o saltar de cama en cama o de aguja en aguja en busca de emociones mientras proclamas que quieres centrarte. Puede que te sientas obligado a centrarte en lugar de ser algo que de verdad deseas; en ese caso, tu mantra real podría ser: «No quiero estar centrado, quiero ser yo mismo». En ese caso, no te darías permiso para probar los Diez Segundos Zen.

Cuando estás centrado, eres capaz de afrontar tu trabajo más importante. Pero tal vez temes fallar en ese trabajo. Tal vez solo estés diciendo con la boca pequeña que quieres escribir una novela o comenzar un negocio desde casa, y temes que, si te centraras, tendrías que arriesgarte a cometer errores y liarla. Así, la falta de permiso para fallar lleva a otra falta de permiso: el permiso para centrarte. En estos casos, nunca se le da una oportunidad al centramiento de diez segundos.

Estoy seguro de que entiendes la idea. Tenemos muchas razones para no querer centrarnos. Tenemos tantas razones en el lado negativo como en el lado positivo. Tendrás que pensar cuál de ellos pesa más en tu caso, un proceso que requiere que tomes consciencia de los muros defensivos que levantas y que realices un autoanálisis honesto. Espero que puedas hacerlo. Tal vez incluso quieras nombrar eso como tu trabajo y usar la Invocación 3 para ayudarte.

Tu objetivo es obtener permiso para involucrarte en el proceso. La técnica es simple; el deseo genuino de centrarte es lo más difícil de conseguir. Prueba esta nueva invocación por un tiempo: «(Tengo permiso) (para centrarme)». Observa qué pensamientos y sentimientos surgen al intentarlo. De esta manera, podrías iniciar una conversación franca contigo mismo sobre los obstáculos que pones entre tú y la experiencia de centrarte.

17

La elección de las invocaciones

Es poco probable que uses las doce invocaciones con regularidad. Lo más probable es que te quedes con dos o tres que se conviertan en las frases que te sirven para centrarte. (También podrías comenzar a usar la secuencia de seis invocaciones, la llamada Secuencia de Centramiento, que te presentaré más adelante). ¿Qué dos o tres invocaciones deberías elegir para practicar y aprender? Sin duda, aquellas que tengan más sentido para ti, que resuenen más contigo y que realmente te ayuden a centrarte.

Por ejemplo, podrías optar por la Invocación 1 («me detengo por completo») si sientes que vas por ahí en piloto automático, si no realizas transiciones conscientes entre un período de trabajo y el siguiente, y si supones que es importante aprender cuándo, cómo y por qué detenerte. Es posible usarla entre tus quehaceres, antes de iniciar un trabajo creativo, cuando debas tomar una decisión importante o cuando sientas la mente o el corazón acelerados.

Podrías decidir usar la Invocación 2 («no espero nada») si sueles anticipar resultados y decepcionarte, si intentas controlar el comportamiento de los demás, si trabajas para obtener reconocimiento en lugar de por razones intrínsecas, o si te perturban los sentimientos de envidia. Podrías pensar en usarla antes de una ceremonia de entrega de premios, de una evaluación de desempeño o de unas vacaciones;

mientras esperas las críticas de la primera función o un correo electrónico importante, o antes o durante una primera cita.

Puedes usar la Invocación 3 («hago mi trabajo») si tienes dificultad para pasar de un proyecto a otro, si dejas las cosas para más tarde con mucha frecuencia, si experimentas mucho aburrimiento o inquietud, o si quieres poner más energía y pasión en tu trabajo. Podrías pensar en usarla antes de cada llamada telefónica de trabajo, cada vez que entres a tu estudio, cuando desees alcanzar un estado deseado, como tranquilidad o energía, o cuando te enfrentes a un desafío interpersonal.

La Invocación 4 («confío en mis recursos») puede irte bien si te cuesta creerte a la altura de los desafíos a los que te enfrentas, si no crees que tienes suficiente talento, disciplina o conexión, si eres pesimista acerca de tu naturaleza o la de los demás, o si olvidas con frecuencia cuántos recursos internos y externos posees. Podrías pensar en usar la Invocación 4 en situaciones que suelen parecerte abrumadoras, cuando asumas un gran riesgo, después de una derrota, o en cualquier momento en que la idea de movilizar tus recursos internos y externos te parezca vital para centrarte.

Puedes elegir la Invocación 5 («me siento apoyado/a») si en general te sientes desprotegido, si has tenido que arreglártelas solo, si invitar a otros a tu vida es un reto o si te cuesta reconocer una mano amiga. Podrías considerar usarla antes de una entrevista o reunión, en situaciones laborales, cuando colabores o pidas ayuda, y durante crisis financieras, emocionales o físicas que aumenten tu sensación de vulnerabilidad y aislamiento.

Podrías optar por la Invocación 6 («abrazo este momento») si vives una vida desorganizada; si eres consciente de que tu mente suele estar en el pasado, rumiando sobre viejos errores o traumas, o ya está adelantada, preocupada por tareas que vendrán, y si quieres aceptar más tus circunstancias. Puedes usarla antes de dar una presentación o llevar a cabo una actuación, en medio de una conversación o interacción difícil, al entrar a una fiesta o reunión familiar, o cuando quieras relajarte, meditar o simplemente «estar».

La Invocación 7 («soy libre del pasado») te servirá si te sientes agobiado por recuerdos no deseados, afectado por traumas pasados, atado por intrigas y secretos familiares, o si deseas dejar descansar eventos recientes. Es útil antes de reuniones familiares, cuando irrumpen pensamientos negativos o recuerdos traumáticos, cuando te encuentras en una situación que te recuerda una experiencia desafortunada, o cuando sientes que estás a punto de obsesionarte o comportarte de forma compulsiva.

La Invocación 8 («creo mi propio sentido») puede ser de ayuda si tienes una crisis existencial, si consideras que el sentido y el valor son de suma importancia, si deseas tomar una dirección más significativa, o si te gusta la idea de poner sentido conscientemente al trabajo que realizas. Podrías pensar en usar la Invocación 8 antes de períodos de trabajo creativo, como una especie de grito de guerra al comenzar cada mañana, como una frase de transición para diferenciar tu trabajo diario de tus actividades nocturnas, o como parte del proceso de decidir ofrecer voluntariamente tu tiempo por una buena causa.

Puedes elegir la Invocación 9 («estoy abierto/a la alegría») si te parece que a tu vida le falta alegría, si quieres recordarte conscientemente buscar la alegría en situaciones y experiencias, si parece acecharte una leve depresión, o si rara vez sonríes. Puedes usarla de camino al trabajo, cuando vayas al cine o a un concierto, en días grises o lluviosos, o siempre que quieras invitar la alegría a tu vida.

La Invocación 10 («estoy a la altura de este desafío») te ayudará, por ejemplo, si eres consciente de que te falta confianza en ti mismo, si tiendes a evitar los riesgos, si prefieres estar en un segundo plano en lugar de asumir roles de liderazgo o si tienes un sueño que requiere que salgas de tu zona de confort. Puedes usarla antes de exámenes y competiciones, antes de embarcarte en una tarea difícil, para animarte a tener una conversación seria con un ser querido, o durante primeras citas u otras primeras veces.

La Invocación 11 («entro en acción») podrías elegirla si temes tener una naturaleza pasiva, si postergas tus sueños, si te cuesta romper la inercia o si te has estado sintiendo bajo de ánimo y sospechas que entrar en acción lo mejorará. Puedes usarla después de ver televisión, al contemplar el montón de facturas en la mesa del vestíbulo, cuando se te ocurra que te gustaría apoyar una causa, o cuando te acuerdes de cuánto tiempo llevas posponiendo una llamada telefónica molesta.

Podrías elegir la Invocación 12 («regreso con fuerza») si te afectan los sentimientos de debilidad e impotencia, si has estado mal física o emocionalmente y quieres fomentar tu recuperación, o si la fatiga o el aburrimiento son un problema para ti. Podrías pensar en usarla cada vez que regreses a tu escritorio o estudio, después de hacer diligencias y salir del coche cargado o cuando regreses a casa después de un viaje de negocios o unas vacaciones.

Como ejercicio útil, lee las invocaciones otra vez una por una. Considera qué rasgos de personalidad aborda cada una de ellas y si esos rasgos constituyen puntos débiles para ti. Si es así, esa invocación puede convertirse en uno de tus pilares. Luego, piensa en qué situaciones te piden el uso de esa invocación. ¿Te enfrentas a muchas de esas situaciones? Si es así, esa es una buena razón para elegir esa invocación como una de tus preferidas.

Veamos cómo algunos clientes han elegido sus invocaciones preferidas.

MAX

Después de revisar las invocaciones, supe de forma intuitiva en cuál debía enfocarme: «Confío en mis recursos». La primera vez que la usé, estaba de muy mal humor. Era mi cumpleaños y acabábamos de sacrificar a nuestra mascota enferma, por lo que estaba lleno de dolor, pero tenía que actuar en un espectáculo. La primera hora (era un espectáculo ambulante donde entretenía a pequeños grupos e individuos mientras iba caminando por ahí) fue bastante patética, pues no estaba disfrutando y, por lo tanto, no podía transmitir alegría a los demás. De repente, se me ocurrió usar la invocación. Paré un momento, respiré y pensé varias veces: «Confío en mis recursos», y eso hizo que me reactivara con más confianza. Tenía mis habilidades, mis accesorios, mi práctica, mi público y el recuerdo de una mascota juguetona y cariñosa. Más tarde esa noche me sentí débil y supe que debía repetir el mantra «regreso con fuerza» varias veces con respiraciones profundas. Eso me hizo volver a centrarme. Pude entretener a la audiencia, prestar atención a las oportunidades para improvisar y tomar decisiones creativas. Incluso me divertí. Creo que esas dos invocaciones serán mis dos básicas.

JOANNE

Elegí «abrazo este momento» como mi invocación número uno. La elegí porque uno de mis mayores problemas es que tiendo a perder el enfoque en lo que tengo justo enfrente. En lugar de enfocarse, mi mente salta a cosas que debería estar haciendo, cosas que hice ayer o cosas a las que necesito dedicarme mañana. Abrazar el momento es realmente mi mayor desafío y he decidido convertirlo en mi prioridad número uno usando la Invocación 6 como mi frase diaria.

LARRY

Me sentí atraído por «estoy abierto a la alegría» de inmediato. Estoy tan ocupado en mi práctica veterinaria que rara vez me tomo siquiera un segundo para disfrutar de los animales que estoy visitando, aunque me encanta trabajar con ellos. Mi día se me antoja como una serie de tareas interrumpidas por crisis, ya que tengo un animal frente a mí y dos más esperando en las otras salas de examen, y así todo el día, seis días a la semana. Pensé que lo que necesitaba practicar era «detenerme por completo», pero no era eso. Se trataba más bien de notar cuánto disfruto de lo que estoy haciendo. Es de locos que no experimentemos alegría cuando disfrutamos de lo que hacemos, pero así ha sido. Así que ahora uso la Invocación 9 todo el tiempo; no cierro los ojos, sino que me tomo los diez segundos completos para recordarme que quiero estar abierto a la alegría que me trae cuidar a los animales.

Es posible que ya hayas decidido intuitivamente cuáles de las invocaciones resuenan más contigo. Si es así, comienza a usarlas y observa si tu intuición fue correcta. Si aún no has tomado una decisión, este es un buen momento para hacerlo. Lee las invocaciones otra vez y elige una o dos para practicar. Luego empieza a usarlas en situaciones reales.

18

Combinar, personalizar
y crear invocaciones

Para hacer un buen uso de las invocaciones se pueden combinar con fines específicos, pues funcionan muy bien juntas. Haz el ejercicio de respirar y pensar dos invocaciones cualesquiera seguidas. ¿Qué sientes al combinar «me detengo por completo» con «creo mi propio sentido»? ¿Y «hago mi trabajo» con «no espero nada»? ¿Y qué hay de «soy libre del pasado» y «abrazo este momento»? Juega a combinar invocaciones y te sorprenderá descubrir lo útiles que son algunas de esas combinaciones.

Cuando hagas la transición de un trabajo a otro, puedes detenerte (Invocación 1) y nombrar el nuevo trabajo (Invocación 3). Cuando tengas el valor de afrontar una tarea difícil, puedes nombrarla (Invocación 3) y luego recordarte que estás a la altura con la Invocación 4 («confío en mis recursos») o con la Invocación 10 («estoy a la altura de este desafío»).

Un uso refinado de las invocaciones sería combinar la Invocación 9 («estoy abierto/a a la alegría») con la Invocación 8 («creo mi propio sentido») para crear un potente antidepresivo existencial. De ese modo anuncias que vas a dar sentido a las cosas, lo que te ayudará a dejar atrás la pasividad que engendra la depresión, y vas a tener la alegría de experimentar, lo que te ayudará a dejar atrás el pesimismo y la negatividad.

Si lo prefieres, puedes usar la Invocación 11 («entro en acción») en lugar de la 8, si es que la idea de crear sentido no resuena contigo.

A una clienta le gustaba combinar la Invocación 7 («soy libre del pasado») con la 5 («me siento apoyada») antes de interactuar con sus padres. La Invocación 5 la ayudaba a recordar que tenía un marido que la apoyaba, con quien volvería en cuanto cumpliera con la visita a sus padres. A otro le gustaba combinar lo de nombrar su trabajo con la Invocación 11 («entro en acción»), pues llamar trabajo a la sintonía que estaba creando no le parecía suficiente, así que prefería enfatizarlo con la Invocación 11.

Una persona creó una pequeña secuencia de tres invocaciones juntas (1, 3 y 12) como transición de su trabajo diurno a pintar en su estudio por la noche. Primero, se decía que debía detenerse por completo, luego nombraba el cuadro que estuviera pintando como su trabajo y después «regresaba con fuerza» de la pausa. Otro cliente, un conocido actor, descubrió que le gustaba usar cuatro invocaciones juntas como su secuencia de centramiento antes de una presentación: «Confío en mis recursos», «abrazo este momento», «estoy abierto a la alegría» y «estoy a la altura de este desafío».

RALPH

Siempre me ha agobiado la idea de que otros músicos son mejores que yo. No lo pienso tanto cuando los escucho tocar en directo. Pero, como todos los músicos, tengo en mi cabeza los recuerdos de sus discos, que pueden sonar muy perfectos porque han sido manipulados en el estudio. Ningún ser humano que practique con su guitarra en casa puede sonar tan bien. Entonces, cuando practico, es cuando me vienen esos pensamientos de que otros músicos son mucho mejores. Inconscientemente, reproduzco esos discos perfectos en mi cabeza y comparo mi interpretación con la suya. Dado que a nivel consciente sé bien lo que está pasando, pensé que podría detener estos pensamientos negativos comenzando cada sesión de ensayo con «ensayo una hora» y «no espero nada». Nombrar el trabajo no era suficiente, porque eso no abordaba el insidioso problema de la comparación. Pero añadir «no espero nada» fue milagroso. Esa invocación silenció los discos en mi cabeza y me permitió practicar con calma.

Otro beneficio significativo de usar dos o más invocaciones juntas es que te detienes durante más tiempo que si solo usaras una. Te centras durante veinte o treinta segundos en lugar de solo diez. Puedes obtener la misma ventaja repitiendo una invocación dos o tres veces, un hábito que quizás quieras practicar. Tanto si optas por usar invocaciones seguidas o por repetir una invocación varias veces, te beneficiarás mucho de hacer esa pausa más larga.

Personalizar las invocaciones

Si algunas de mis frases casi resuenan contigo, pero no son justo lo que necesitas, personalízalas. Clientes y voluntarios del estudio han transformado la Invocación 12, «regreso con fuerza», en alguna de las siguientes: «Estoy listo», «es hora de trabajar», «estoy de vuelta», «me siento con energía» y «fuerza y valor». Las personas que han tenido problemas con la Invocación 2, «no espero nada», han creado las siguientes alternativas: «No exijo nada», «el resultado no importa», «todo es posible», «no estoy involucrado» y «¡excelente, pase lo que pase!».

Puedes notar lo idiosincráticas que son estas personalizaciones y lo diferentes que son entre sí. Algunas son muy abstractas, otras añaden ideas a las mías (por ejemplo, añadir valor a la fuerza), algunas son más afirmativas (como «¡excelente, pase lo que pase!») y otras no me suenan bien (como «es hora de trabajar»). Como ejercicio, lee la lista de invocaciones y marca aquellas que te parezcan adecuadas tal como están. Para el resto, pasa un poco de tiempo personalizándolas hasta que encajen con lo que necesitas.

LESLIE

Quería usar la invocación de «creo mi propio sentido» porque realmente me gustaba la idea de hacerlo, de tomar el control sobre lo que pretendía valorar y considerar importante. Pero la frase en sí no funcionaba bien; sonaba como si no hubiera más sentido que el que yo creaba, lo cual quizás es lo que tienes en mente, pero me resulta problemático. Entonces jugué con «pasión» y «valor» como sinónimos aproximados de «sentido» y comencé a probar muchas frases. Probé con «creo mi pasión» y «creo mi valor», y ambas invocaciones capturaban lo que quería expresar, pero sonaban demasiado torpes. Lo intenté con «soy una persona apasionada» y «valoro este momento», pero sentí que esas frases se alejaban de la idea central. Luego llegué a «elijo valorar esto». ¡Eso era! Nombraría mi trabajo usando la Invocación 3 y luego seguiría ese pensamiento con mi nueva Invocación 8, «elijo valorar esto». Tenía un aire regio y sonaba justo como quería.

ADAM

Había estado en un gran incendio y sufría estrés postraumático, de modo que revivía ese incendio en pesadillas e incluso a veces durante el día. Así que sabía que quería usar «soy libre del pasado» como uno de mis mantras. Pero esa frase parecía que iba de algo diferente, más bien como si hubiera sido abusado o maltratado de niño y quisiera borrar la infancia de la memoria. Yo quería liberarme de algo más específico, así que se me ocurrió probar con «soy libre del fuego», pero no sabía si eso podría tener justo el efecto contrario y recordarme el fuego todo el tiempo. De hecho, eso fue casi exactamente lo que pasó. No me gustó ese sentimiento en absoluto, así que no sabía qué hacer.

Luego, un día, mientras hacíamos un mantenimiento rutinario, se me ocurrió la frase «estoy sanado del fuego». Fue un pensamiento que me tranquilizó de inmediato, algo reconfortante a un nivel profundo. Ahora uso mi versión de la Invocación 7 varias veces al día, y siempre es lo primero que pienso por la mañana.

Crear invocaciones

Aunque te gusten mis invocaciones tal como están, es posible que aun así desees crear las tuyas propias para complementar o reemplazar las mías. Crear tus propias invocaciones es una excelente práctica y puede resultar más que un simple ejercicio, ya que puedes encontrar una frase o frases que te sirvan de manera excepcional. Una vez que te metas en el espíritu de los Diez Segundos Zen y empieces a apreciar el poder de llenar una respiración larga y profunda con una frase significativa, es probable que sientas un fuerte impulso de probar creando invocaciones propias.

LESLIE

Supongo que es mi naturaleza, pero decidí crear mis propias invocaciones en lugar de usar las tuyas. Opté por «me dejo llevar por este momento», que ya ha resultado ser muy útil. «Aquí y ahora» es otra frase que también ha sido útil en situaciones que han surgido; por ejemplo, siempre que quiero recordarme a mí misma que debo ser fuerte. Parte de mi trabajo consiste en entrevistar a invitados y he descubierto que las entrevistas son diez veces más ricas si primero me centro con «aquí y ahora» justo antes de que el invitado entre en directo. Otra invocación que he creado, que es un poco larga y algo engorrosa, pero que me gusta mucho, es: «Me detengo aquí y ahora». Creo que su longitud me obliga a tomar una respiración realmente larga, lo cual es bueno para mí. Con las invocaciones más cortas puedo hacer trampas y no respirar realmente, pero con una invocación tan larga ¡no puedo! Sin embargo, «me dejo llevar por este momento» es mi favorita, porque «dejar ir» las cosas es un desafío muy grande para mí, pero sé lo importante que es soltar y desapegarse para mi salud mental y física. Así que esa se ha convertido en mi invocación número uno.

Algunas personas prefieren crear una invocación básica y multipropósito para centrarse, del tipo:

(Estoy) (centrado/a)

(Enraizado/a) (y centrado/a)

(Voy) (a mi centro)

(Desde) (el centro)

(Estoy tranquilo/a) (y centrado/a)

(Perfectamente) (centrado/a)

(Centrado/a) (y quieto/a)

SOPHIA

Decidí usar la frase «(estoy) (centrada)» y me está encantando. Como el fin de semana estuvo lleno de eventos especiales y fue algo cansado, y todavía tenía trabajo que hacer el domingo por la noche, necesitaba encontrar una manera de sentirme capaz de afrontar ese trabajo. Repetí «estoy centrada» varias veces. Mi energía aumentó al instante y me sentí motivada para completar mis tareas. La idea de tener un sistema simple para inspirarme a hacer algo es emocionante. Continuaré probando cómo de bien funciona esta invocación en particular para mí, pero considerando lo bien que ha funcionado hasta ahora, estoy segura de que la usaré todo el tiempo.

19

Marcadores

Una excelente forma de utilizar las invocaciones es emplear algunas para «marcar» el período de tiempo de un trabajo. Usa las Invocaciones 1 y 3, las relativas a «detenerse» y «trabajar», al principio del período de tiempo para encaminarte hacia el trabajo. Al final del período de trabajo, usa la Invocación 3 de una forma nueva —retrospectivamente— para celebrar haber trabajado, y luego sigue con la Invocación 12 para regresar con fuerza a tu rutina diaria.

El período de tiempo puede ser breve; por ejemplo, una pausa de diez minutos en el trabajo durante la cual planeas concentrarte en una tarea en particular o lograr un estado determinado. El período de tiempo puede ser de una hora, como la duración de una reunión, o incluso de tres o cuatro horas, el tiempo que piensas dedicar a escribir un ensayo o formar a nuevos empleados. Usas la Invocación 3 para nombrar el trabajo que tienes intención de realizar y también mantienes el pensamiento adicional de que te estás centrando durante un período determinado de tiempo. Esto podría sonar de la siguiente manera:

(Escribo) (durante tres horas)
(Estaré tranquilo/a) (durante esta pausa)
(Expresaré lo que pienso) (durante esta reunión)

(Dos horas) (de estudio)
(Estaré en mi escritorio) (durante una buena hora)

El pequeño cambio de incorporar un marco temporal en el paso de «nombrar tu trabajo» no es algo tan grande. Sin embargo, usar la Invocación 3 por segunda vez, al final del período designado como cierre, sí constituye algo nuevo. Es la primera vez que una invocación tiene una «mirada hacia atrás» o una sensación retrospectiva. Para celebrar que designaste a consciencia un período de tiempo para un propósito determinado, incluyes un pensamiento en «pasado» en la invocación de «nombrar tu trabajo»; por ejemplo:

(Trabajé) (bien)
(Estuve presente) (en esa reunión)
(Me mantuve tranquilo/a) (a consciencia)
(Pinté) (con valentía)
(Tres horas) (de compromiso)
(¡Qué divertido) (fue eso!)
(Respeto) (mi esfuerzo)

Esto constituye una nueva forma de centrarse. Dado que rara vez apreciamos el esfuerzo que hacemos o el trabajo que realizamos, a menudo acabamos apresurándonos hacia lo siguiente porque «aún no hemos hecho suficiente». Utilizar las invocaciones como límites para enmarcar y celebrar un período de tiempo nos ayuda a recordarnos que realmente hicimos algo. Este es un pensamiento centrado que puede llevar a un profundo sentido de tranquilidad y que hace que correr hacia lo siguiente se sienta innecesario.

Usar los marcadores

KATIE

Me intriga la idea de detenerme por completo para reconocer que he completado o logrado algo. De hecho, esto ha sido una parte nueva de mi experiencia últimamente. En general, tengo mis listas de cosas por hacer, que generan más listas nuevas, sin importar lo que marque como completado. Pero últimamente he comenzado a listar proyectos completos por separado y, al terminarlos, los tacho y reflexiono un poco sobre el hecho de que sí logro muchas cosas a diario y durante la semana. Hoy, después de reflexionar sobre la idea de poner marcadores, estoy pensando que hay cosas adicionales que hago con regularidad y que necesito detenerme a reconocer. Escribir, meditar, tener conversaciones sobre temas difíciles de abordar, mantener amistades, cuidar de mi madre anciana o emprender acciones sobre ideas creativas, a menudo no figuran en la lista habitual de proyectos, ni siquiera en la nueva lista que he comenzado. Haré de esta práctica de poner marcadores una parte de mi proceso y observaré cómo cambia mi sentido de mí misma y mi sensación de logro.

Prueba el experimento de los marcadores hoy. Usa las invocaciones para enmarcar un período de tiempo particular de forma especial. Piénsalo un poco y comienza tu pequeño experimento.

LORI

Vaya. Es una idea muy simple y nunca me la había planteado antes. Pero en realidad encaja a la perfección con algo en lo que estuve pensando esta última semana: que no recuerdo las cosas buenas que pasan en un día. Estoy tan ocupada yendo de una cosa a la siguiente y lidiando con todo lo que aún tengo que hacer, que no siento los logros, no siento que esté progresando ni que lo esté haciendo bien en absoluto. Para contrarrestar esto, acabo de rediseñar mi planificador diario para incluir un «registro de alegría». En nuestro grupo de escritores, nuestro orador invitado habló sobre «marcar el momento», es decir, recordarte un éxito o contarle a otra persona sobre un logro que hayas tenido (por ejemplo, enviando un correo electrónico a un amigo escritor). Así que el enfoque de los «marcadores» funciona de forma muy similar a mi registro de alegría o a marcar el momento. Te da una agradable sensación de finalización, paz y orgullo. Usé este enfoque de los marcadores para concentrarme en un proyecto enorme: rediseñar un grupo de escritura *online* que modero. Supone un montón de trabajo, hay que desarrollar muchas partes administrativas, preguntas frecuentes y demás, y lleva muchas horas lograrlo. Así que elegí un par de tareas y marqué el principio y el final. Lo interesante fue que estaba a punto de rendirme (se me había acabado el tiempo), pero dado que iba a marcar el trabajo como terminado, me di cuenta de que, si trabajaba unos minutos más, habría completado algo que otras personas podrían revisar. Sería un verdadero punto de detención y un logro real. Así que hice exactamente eso y logré hacer algo de trabajo importante adicional.

Utiliza los marcadores para crear verdaderos comienzos, verdaderos momentos para detenerte y un verdadero sentido de éxito. Te permite centrarte en muchos sentidos: reduce tu necesidad de perder el tiempo, trabajas mejor en tus proyectos y experimentas cómo es detenerte por completo en cada período.

MIRANDA

La primera vez que empecé a usar el enfoque de los marcadores, tenía la intención de usar las invocaciones como me indicaron, pero me emocioné tanto por comenzar a escribir que no me tomé el tiempo para meditar. Tan solo puse el temporizador durante una hora y comencé a escribir. Me sorprendió mucho detenerme justo un minuto antes de que sonara la alarma. Me di cuenta de que había alcanzado mi objetivo sin usar las invocaciones en absoluto, pero de alguna manera estaban allí, en el fondo, haciendo que todo fuera posible. Me di crédito y me sentí bastante contenta de haber logrado lo que me había propuesto. La próxima vez que quise probar la secuencia de marcadores, me aseguré de seguir las instrucciones con más cuidado. Quería leer un libro que me ayudara a concentrarme en la estructura de mi trabajo, al que le asigné un límite de media hora. Usé las invocaciones, nombré como mi intención que leería el libro durante treinta minutos y, justo después de completar la Invocación 3, abrí el libro. Trabajé durante unos cuarenta minutos, completé la tarea y usé las invocaciones para el cierre, tal como me recomendaste. Esta vez me di aún más crédito. Me asombra la manera en que puedo lograr cosas cuando uso las invocaciones, con o sin un límite de tiempo. También me gusta tener validación por lograr las cosas, incluso si solo las termino parcialmente. También debo agregar que pude usar las invocaciones mientras mi esposo estaba en la habitación leyendo. Tres objetivos logrados de un solo golpe: centrarme frente a otra persona, trabajar con él en la misma habitación y usar el marcador con éxito.

El enfoque de los marcadores te ayuda a trabajar cuando, de otra manera, estarías distraído (por ejemplo, en un lugar público), o mientras otras personas están haciendo cosas a tu alrededor.

NIKKI

Rara vez me detengo a reconocer que he logrado algo. Por el contrario, soy muy capaz de reprenderme por lo que no he hecho. Cuando aún era profesora, solía mantener una lista de «tareas pendientes» en mi ordenador del trabajo. Cada día lograba tachar algunos ítems, pero en general agregaba al menos cinco más. Así que la lista crecía y crecía, hasta que pronto llenó dos páginas a espacio simple. Había categorizado los ítems para ver mejor en qué proyecto estaba trabajando en ese momento, y pensaba que la lista me estaba ayudando a mantenerme organizada. Ahora creo que solo me estaba desmoralizando. Las listas son útiles, pero creo que no sabía cómo usar el concepto en realidad. No estoy segura de saber cómo hacerlo ahora tampoco, pero ahora hago una lista diaria de dos o tres tareas e intento acordarme de darme una palmadita en la espalda cada vez que logro algo. Mis padres, con buena intención, solían enfocarse en mis aspectos negativos en su intento de empujarme a hacer más, y supongo que los viejos hábitos son difíciles de erradicar. De verdad que disfruté de probar la idea de los marcadores. Había dejado un grupo de escritura *online* para trabajar en un artículo, y el moderador del grupo tuvo la amabilidad de preguntarme si quería que me eliminara del grupo. Dije que no, y hoy decidí usar el enfoque de los marcadores para volver a ponerme en contacto con el grupo. Usé las invocaciones justo antes de acceder a la lista para evitar distraerme en internet. Leí un cuento corto que acababa de ser enviado y que sabía que iba a disfrutar haciendo su reseña. Después usé las Invocaciones 3 y 12, y eso me dio el tiempo que necesitaba para decirme: «¡Lo lograste! ¡No dejarás ese grupo!». En general termino una cosa y me lanzo a la siguiente, pero esta vez fue diferente.

Incluso mientras estás respirando y pensando «regreso con fuerza», es probable que te estés felicitando por el trabajo realizado, comentándote lo fácil que fue completar la tarea y preparándote para tu siguiente tarea importante. Diez segundos es un tiempo maravillosamente expansivo para pensar no solo un buen pensamiento, sino varios más «en el fondo».

PAULA

Esta técnica de los marcadores es otro ejemplo de cómo el centramiento es tan respetuoso contigo mismo y por qué estoy disfrutando tanto de este proceso. Recientemente comencé a detenerme y reconocer los logros en mi rutina de trabajo, supongo que como una manera de luchar contra la sensación de agobio interminable que acompaña a mi trabajo. La multitarea, aunque a menudo es necesaria, no proporciona una sensación de recompensa o de consciencia, porque siempre estás «en medio» de algo y nunca notas cuándo termina una cosa y empieza la siguiente. He descubierto que el mero hecho de decir «bien hecho» a consciencia marca una gran diferencia. Ahora, formalizarlo a través del marcador le da un sentido más profundo. Esto es genial, aprender a apreciar en lugar de apresurarse hacia lo siguiente.

Solo podrás apreciar tus logros si encuentras la manera de reconocerlos. Los marcadores son perfectos para eso.

20

Ejercicios de centramiento de los Diez Segundos Zen

Para cosechar los beneficios de los diez segundos de centramiento, debes usarlos y, mejor aún, adoptarlos como un hábito, y los ejercicios de este capítulo te ayudarán a hacerlo. Escoge uno o dos ejercicios, o tantos como quieras, y practícalos. Cuantos más pruebes y con más frecuencia los hagas, más pronto te acostumbrarás a centrarte con rapidez.

Sobreaprende una invocación

Uno de los mejores métodos para aprender una habilidad nueva es sobreaprenderla, es decir, practicarla más de lo que parece necesario. La manera antigua de hacerlo era escribir algo cien veces en la pizarra (sí, también era un castigo), ya que así se aprendía de verdad: «No le tiraré del pelo a Nancy» o «no le lanzaré tizas al profesor». Aún es un gran método para sobreaprender una idea. Escoge una invocación o una frase propia que crees que podría funcionar para tu centramiento diario y escríbela a conciencia cien veces en una hoja de papel. Escúchala, siéntela y experiméntala en profundidad cada vez que la escribas e imagínate usándola en una situación en particular. Realiza este ejercicio lo más lento que puedas.

Un ejercicio de sobreaprendizaje análogo es usar tu invocación diaria todas las veces que puedas, aun cuando no te sientas descentrado. Elige un día y comprométete contigo mismo a centrarte dos o tres veces en una hora, aunque parezca extraño, innecesario o incluso tonto. Si lo haces, verás qué poco tiempo se tarda en lograr el centramiento en diez segundos y lo bien que se siente centrarse con regularidad.

Memoriza las doce invocaciones

Los niños deben memorizar para sus exámenes, pero los adultos rara vez ejercitan la memoria. Por ello, puede que no te sientas motivado a memorizar las doce invocaciones e incluso reniegues de la idea, que podría traerte recuerdos desagradables de exámenes de biología («la cadera está unida a…») o de francés (*je suis, tu es, il est, elle est)*. Aun así, memorizar es clave para el proceso, pues necesitas recordar las invocaciones para que estén disponibles cuando las necesites.

Puedes leer las invocaciones una y otra vez hasta que las memorices; mejor si lo haces en voz alta, o si las dices y las escribes tantas veces como puedas. Suena como un gran esfuerzo, y lo es, pero el objetivo es tan importante que verás que merece la pena.

Prueba cualquier método de memorización que te guste. Puedes convertir las invocaciones en canciones o tararearlas al ritmo de una melodía hasta que las hagas propias. Puedes escribirlas en papel, pegarlas por la casa y comprometerte a leerlas cada vez que las veas. Puedes grabarlas con tu voz y fijar horarios del día para escucharlas. Sabrás que estás listo cuando las recuerdes con facilidad.

Enseña los diez segundos de centrado

Una de las mejores maneras de aprender algo es intentar enseñarlo. Cuando tenemos que poner en nuestras propias palabras una idea que hemos estado explorando y comunicarla a otra persona, descubrimos lo difícil que es enseñar y lo mal que comprendemos las ideas que creemos conocer a la perfección. Un amigo físico resumió las dificultades que conlleva la enseñanza de la siguiente manera: «Pensaba que conocía la termodinámica hasta que tuve que enseñarla. ¡Entonces tuve que pasar tres horas al día preparándome solo para estar un paso por delante de mis estudiantes!».

Hazte responsable de enseñarle a otra persona los principios de los Diez Segundos Zen. Mira si puedes hacerlo sin usar notas de ningún tipo, lo que, por supuesto, significa que como mínimo necesitarás tener memorizadas las invocaciones. Puede que supongas que podrás describir algo tan simple como el proceso de centramiento de diez segundos sin titubeos e incluso sin preparación, pero tal vez te sorprenda descubrir que, al intentar explicarlo, no eres tan claro ni fluido como pensabas que serías. Este descubrimiento puede llevarte a repasar el material y aprenderlo de manera más profunda.

Lo que solemos hacer cuando queremos compartir una idea que encontramos en un libro es sugerir a nuestros amigos que la lean en el libro. Además de mostrarles este libro, enséñales tú el proceso de centramiento de diez segundos. Demuéstralo mientras lo explicas, muestra cuánto son diez segundos, explica qué sientes al hacer una pausa de diez segundos para respirar y pensar, y así sucesivamente. Si lo haces, entenderás el proceso con mayor profundidad y ayudarás realmente a tu amigo.

Lleva un diario de centramiento en diez segundos

Enséñate a ti mismo el centramiento en diez segundos llevando un diario dedicado a tus experiencias. Puede ser un registro simple de tus pensamientos y sentimientos en los momentos en los que te sientes descentrado y cómo usas las invocaciones para centrarte. Podrías anotar qué invocaciones te han funcionado mejor, cuándo han funcionado y cuándo no, y si eres capaz de identificarlo, por qué funcionaron.

También podrías dar un paso más allá e intentar identificar patrones de comportamiento que te descentran: situaciones recurrentes que necesitan atención especial; ritmos diarios, semanales o mensuales en tu vida que afectan a si te centras bien o no, y otros asuntos relevantes de tu personalidad y tus circunstancias. Este esfuerzo adicional por alcanzar mayor autoconciencia rendirá grandes frutos y equivaldrá a una práctica de *mindfulness* que, por sí misma, te ayudará a centrarte.

Otra forma de usar tu diario es definir tus propias metas y reflexionar sobre cómo las has alcanzado. Podrías reservar una página para cada día y establecer algunos objetivos diarios de centramiento, como centrarte a consciencia antes de cada reunión de trabajo, o separar el almuerzo del resto del día con marcadores al principio y al final. Crear planes simples y establecer metas claras son formas excelentes de incorporar el centramiento en diez segundos a tu vida diaria.

Ensaya situaciones futuras

Ensayar situaciones futuras en tu mente es una excelente forma de prepararte para entrevistas, audiciones, reuniones, conversaciones y otros eventos que pueden provocar ansiedad. Si dominas el ensayo mental, llegarás mucho más tranquilo y mejor preparado. Y si incluyes el centramiento en tu práctica, añadirás un elemento tranquilizador adicional.

Imagina un evento que se avecina; por ejemplo, una reunión con tu jefe. Visualízate en tu mesa de despacho esperando para tomar el ascensor que te llevará a su oficina. Imagínate allí sentado, tranquilo, utilizando las invocaciones para centrarte. Visualiza cómo subes en el ascensor y sigues practicando para centrarte. Luego, imagina la interacción en sí y planea cómo responderás a las preguntas que crees que te podría hacer tu jefe. Prueba diversas respuestas para cada pregunta hasta que encuentres las que te sirvan mejor. Por último, imagina cómo sales de la oficina de tu jefe después de una reunión exitosa, cómo «regresas con fuerza» a tu escritorio y a tu trabajo.

Crea el hábito de ensayar mentalmente situaciones que se aproximan e imaginar cómo usarás los Diez Segundos Zen para ayudarte en esos momentos. Solo tardarás uno o dos minutos en ensayar y te dará grandes frutos. Afrontarás los eventos importantes de tu vida con más confianza y tendrás muchas más probabilidades de usar las invocaciones si las has ensayado en tu mente con antelación.

Ponte a prueba

Una forma divertida de practicar los Diez Segundos Zen es ponerte a prueba con situaciones hipotéticas y predecir qué invocación te serviría mejor. Por ejemplo, en las siguientes situaciones, ¿qué invocación usarías? ¿Cuál sería tu razón para elegirla?

- Estás atrapado en un ascensor parado.
- Te enteras de que tu hijo de dieciocho años acaba de tener un pequeño accidente automovilístico.
- Estás escribiendo una novela y descubres que no sabes cómo termina.
- Tu jefe te pide que viajes a Denver, pero le prometiste a tu hija que asistirías a su partido de fútbol ese sábado.
- Tu madre lleva una hora hablando sin parar y no puedes colgar el teléfono.
- Estás deseando dejar tu trabajo, pero no sabes si es la decisión correcta.
- Necesitas concertar una cita para el dentista, pero la has estado posponiendo.
- Has respondido ocho correos electrónicos, pero mientras los respondías, han llegado otros doce correos nuevos.

En lugar de ver un programa de televisión esta noche después de cenar, responde a estas preguntas o crea tu propio cuestionario. Ganarás mucha claridad sobre el proceso de centramiento en diez segundos si lo haces, ¡y te divertirá!

Afronta algo difícil

Una excelente manera de practicar los Diez Segundos Zen, y a la vez completar algo de trabajo, es seleccionar un proyecto difícil (algo complejo, ambicioso, creativo, arriesgado o difícil en algún aspecto) y comprometerte a usar el proceso de centramiento de diez segundos como ayuda para alcanzar tu objetivo. El proyecto puede ser de trabajo, de casa, un asunto interpersonal (como tener una conversación difícil con tu hijo o tu pareja), o algo relacionado con un sueño a largo plazo. Puede requerir minutos o días, ser intelectual o físico. En resumen, puede ser cualquier tipo de proyecto.

Una forma de seleccionar el proyecto es preguntarte: «¿Qué he estado posponiendo?». Si has estado posponiendo un proyecto o tarea, incluso algo tan poco relevante como hacer una llamada telefónica u organizar tu espacio de trabajo, ese es un buen proyecto que elegir. Tenlo en mente, piensa en qué invocaciones usarás y cómo las aplicarás (antes de comenzar, en diferentes etapas del proyecto, como marcadores y demás), y luego procede a centrarte y a trabajar.

Céntrate en compañía

Cuando contamos con apoyo y nos responsabilizamos de nuestros actos, solemos mantener mucho mejor nuestros compromisos. En general, somos nosotros mismos quienes debemos ofrecernos ese apoyo y supervisión, y actuar como nuestro mejor amigo y nuestro propio jefe. Como *coach* de creatividad, ejerzo ambas funciones con mis clientes. Sin embargo, también puedes contar con tu propio *coach* gratis, uniéndote a un amigo y comprometiéndote a ofrecerle tu apoyo, guía y opinión a cambio de los suyos.

Una de las maneras más fáciles de hacerlo es a través del correo electrónico. Podéis turnaros cada día para enviaros un correo breve y amable como este: «Hoy me esforzaré para detenerme por completo. ¿En qué trabajarás tú?». También podría ser algo así: «Estoy usando "Confío en mis recursos" como mi invocación diaria. ¿Sigues usando "Estoy a la altura de este desafío"?». Lo que dices o cómo responde tu compañero importa menos que el hecho de poner la idea de centrarte sobre la mesa cada mañana.

Puedes comunicarte con tu compañero tanto como desees, hacerlo de forma flexible o establecer algunas pautas. Podéis turnaros para liderar (tú tomas la delantera una semana y tu compañero, la siguiente) o bien alternaros según las circunstancias. Existen muchos modelos para el sistema de compañeros. Habla con el tuyo y decidid juntos cómo queréis gestionar todo lo relativo al centramiento conjunto. Luego lánzate y empieza el proceso de apoyo y guía mutuos.

21

Secuencia de Centramiento

Las invocaciones pueden combinarse de infinitas formas. Puedes usar una secuencia de dos o tres invocaciones para crear una cadena personalizada de veinte o treinta segundos para centrarte. Las combinaciones pueden ser diferentes en función de tu estado de ánimo y de tus circunstancias, y pueden incluir una de las mías y una propia. De todas formas, existe una combinación que considero muy valiosa: utilizar las invocaciones 1, 2, 3, 4, 6 y 12, en ese orden, para crear una Secuencia de Centramiento de un minuto, que funciona de maravilla para centrarte, tranquilizarte y motivarte.

Las seis invocaciones que conforman la Secuencia de Centramiento son:

(Me detengo) (por completo)
(No espero) (nada)
(Hago) (mi trabajo)
(Confío) (en mis recursos)
(Abrazo) (este momento)
(Regreso) (con fuerza)

Dado que la Invocación 3 cambia cada vez que la usas, la Secuencia de Centramiento variará según tu trabajo específico. Una secuencia típica será algo así:

(Me detengo) (por completo)
(No espero) (nada)
(Hago) (esa llamada)
(Confío) (en mis recursos)
(Abrazo) (este momento)
(Regreso) (con fuerza)

O

(Me detengo) (por completo)
(No espero) (nada)
(Me siento) (a escribir)
(Confío) (en mis recursos)
(Abrazo) (este momento)
(Regreso) (con fuerza)

O

(Me detengo) (por completo)
(No espero) (nada)
(Me propongo) (estar en calma)
(Confío) (en mis recursos)
(Abrazo) (este momento)
(Regreso) (con fuerza)

Estoy seguro de que la secuencia es clara. El primer paso para centrarte siempre es detenerte. Luego, dejas ir las expectativas y nombras tu objetivo. Tras establecer cuál es la actividad que vas a realizar, te recuerdas que tienes todo lo necesario para lograrlo y te traes al presente. La sexta frase te sirve para pasar de tu estado tranquilo y centrado de vuelta al mundo, listo para ponerte manos a la obra (o para ser).

Dado que incluye seis pensamientos diferentes, la Secuencia de Centramiento requiere algo de práctica para aprenderla y dominarla.

Al principio, es posible que necesites realizarla con los ojos abiertos, en caso de que tengas que refrescar tu memoria con una «chuleta». Pero, con el tiempo, recordarás las seis frases sin necesidad de mirar un papel y podrás usarla como está previsto, con los ojos cerrados. (También puedes usarla con los ojos abiertos; por ejemplo, cuando estés en público y no quieras «parecer raro»).

Si te gustan los trucos nemotécnicos, puedes crear una palabra para recordar la Secuencia de Centramiento. Por ejemplo, puedes adaptar las invocaciones para formar la palabra «CENTRO» con la primera letra de cada frase:

Cesa toda actividad
Expectativas cero
Nombra tu trabajo
Ten fe en tus recursos
Recibo el presente
Otra vez regreso con fuerza

Sin embargo, el uso de este mecanismo implica aprender dos grupos de frases, por lo que puede ser más sencillo aprender las invocaciones a través de la práctica, hasta que se conviertan en algo natural para ti.

En realidad, la Secuencia de Centramiento dura un poco más de un minuto, porque hay un paso preliminar necesario para elegir qué trabajo vas a nombrar en la Invocación 3 y, a menudo, el paso preliminar adicional de tomar algunas respiraciones profundas antes de comenzar con la secuencia. Algunas personas también prefieren repetir alguno de los pasos para darles más énfasis: a menudo el primero (porque quieren detenerse de verdad) o el último paso (porque necesitan un momento extra antes de regresar). Así que tu herramienta de centramiento de un minuto podría en realidad durar dos minutos, aunque espero que no creas que dos minutos es demasiado tiempo para dedicarlo a centrarte.

Me gustaría que experimentaras la Secuencia de Centramiento ahora mismo. Antes de comenzar, tendrás que nombrar algún trabajo que quieras incluir en la Invocación 3, así que tómate un momento y hazte la pregunta: «¿Qué me gustaría plantear como "mi trabajo" en este ejercicio?». Cuando tengas una respuesta, estarás listo para comenzar. Prepárate para sentirte motivado a hacer el trabajo que nombraste, así que reserva tiempo real para realizar este ejercicio.

Practica la Secuencia de Centramiento ahora. Tómate tu tiempo y presta atención a la calidad y duración de tus respiraciones.

Cómo usar la Secuencia de Centramiento

MONICA

Descubrí que me gustaba la secuencia, aunque, por alguna razón, al principio me sentí un poco apenada. Luego dejé de ser escéptica y me lancé por completo. Con el primer paso pensé: «Sí, claro. ¿Cuándo fue la última vez que me detuve?». Con el segundo paso me sentí humilde, si esa es la palabra acertada, y tuve una buena sensación. En el tercer paso dije: «(Me convierto en) (una autora confiada)» porque últimamente he luchado con sentimientos de miedo y preocupación. A pesar de que sé en mi mente que he escrito y publicado cuatro libros, alguna parte emocional de mí todavía piensa que fue una casualidad. Nombrar mi trabajo de esa manera en el contexto de la secuencia me ha traído un verdadero sentimiento de alivio.

Anota tu experiencia al probar la Secuencia de Centramiento. Aprenderás la secuencia más rápido si dedicas un poco de tiempo a procesar tus reacciones al usarla.

NANCY

Descubrí que la secuencia fue una experiencia positiva, parecida a la terapia de *biofeedback* («biorretroalimentación») a la que solía recurrir (y pagar) para ayudarme a relajarme y reducir el estrés. A medida que practicaba la secuencia, parecía que se hacía cada vez más fácil mantener a raya los pensamientos distractores. El primer paso me recordó lo agradable que puede ser detenerse en una vida llena de demasiadas cosas por hacer. El segundo paso me pareció muy apropiado para una perfeccionista crónica como yo. Es un placer hacer algo por lo que no serás juzgada y sobre lo que no tienes que juzgarte a ti misma. Como trabajo nombré «revisar el correo y los papeles de la semana pasada». Es una actividad mundana y no suelo hacer este tipo de tareas por la noche, pero lo había estado posponiendo. Sabía que no lograría hacer nada al día siguiente si mi área de trabajo seguía llena de material innecesario. Me sentí un poco irritada al tener que nombrar un trabajo tan mundano, y en realidad quería nombrar algo más significativo. Sin embargo, a veces, ese tipo de tarea es la más difícil de abordar: los quehaceres que no disfrutas haciendo.

Abordar incluso la tarea más mundana requiere cierto grado de centramiento. Usa la Secuencia de Centramiento para afrontar tareas como limpiar el botiquín del baño o el armario del dormitorio, tareas que no son impresionantes, pero que, si te preocupas demasiado por ellas, generan estrés.

OLGA

Al principio, intenté memorizar la secuencia, así que no me sentí muy relajada, pero se volvió más fácil a medida que seguí practicando. Me relajé y tuve más claro el contenido. Tal vez mi pensamiento es visual, pues me percaté de que estaba viendo señales de *stop*, paredes cubiertas de hiedra, frenos que eran pisados, un caballo al que frenaban, entre otras cosas, mientras comenzaba a desacelerar mentalmente. «No espero nada» trajo consigo un vacío cósmico, un espacio azul vacío, un desierto. No me han gustado esas imágenes, así que es evidente que debo repensar el Paso 2. Me gusta decir que confío en mis recursos y creo que soy autosuficiente, pero en realidad no lo creo. Las influencias externas destruyen con facilidad mis recursos internos. Hace años escribía mucha poesía, pero después de unos años sumergiéndome en esas emociones, las palabras desaparecieron. Quiero poder experimentar esa inmersión otra vez y creo que el Paso 4 me ayudará en ese aspecto. También pude abrazar el momento y fue una experiencia tranquila y pacífica. «Regreso con fuerza» es una esperanza, una promesa que quiero cumplir. Creo que usaré «me convierto en una artista más dedicada» como el trabajo que quiero nombrar. Lo que necesito es tomarme a mí misma más en serio en las áreas donde quiero cambiar.

Usar la Secuencia de Centramiento te ayuda a vivir de manera más auténtica. Estás anunciando: «Tengo la intención de centrarme y tengo la intención de lograr mi trabajo».

PAUL

Estoy disfrutando realmente de la secuencia, y mi experiencia hasta ahora ha sido completamente positiva. Mientras respiro profundo y pienso las seis frases, mi cuerpo se relaja y mi enfoque en el presente se vuelve más fuerte. La frase «confío en mis recursos» parece ser crucial, porque si no confiamos en nosotros mismos, ¿cómo podemos confiar en el trabajo (personal o profesional) que estamos haciendo? Así que esa frase tiene más resonancia para mí me encuentro repitiéndola dos o tres veces; cada vez que la digo llego a un lugar más profundo. El trabajo que nombré fue «(comienzo) (mi negocio)», porque he querido emprender un negocio desde casa hace unos años y no lo he hecho, principalmente porque mi trabajo de día es muy agitado y absorbente. Las primeras veces que probé la secuencia me sentí centrado y en paz; las siguientes veces me sentí con energía, pero todavía me resistía a «hacer algo» realmente. El tercer día —me sentí muy orgulloso de seguir practicando— pasé de la secuencia a un cuaderno nuevo que había comprado para ese propósito y comencé a esbozar mi plan de negocios. Ese fue el momento decisivo: todos mis pensamientos sobre el negocio salieron de golpe. Sé que ahora estoy comenzando de verdad, y la Secuencia de Centramiento me acompañará en este viaje.

¿Tienes un sueño que has postergado durante mucho tiempo? Usa la Secuencia de Centramiento para replanteártelo.

ROBERTA

Usar la Secuencia de Centramiento me ha ido bastante bien, aunque al principio me sentí incómoda. Sé que cuanto más la use, más efectiva se volverá. También ha ido cobrando más sentido a medida que avanzaba. Detenerme por completo fue algo bueno para mí; de verdad que necesito esa experiencia. «No espero nada» dio pie a «dejar ir», lo cual es un gran desafío para mí. En cuanto a nombrar el trabajo, elegí «(estoy centrada) (fuerte y completa)». Acabo de pasar por un año muy difícil y doloroso, por lo que me encuentro recibiendo tratamiento para la depresión clínica y la ansiedad, que han mejorado un poco, y eso es una bendición, porque hace dos días me han dicho que podría tener una enfermedad potencialmente mortal. Nombrar mi trabajo de esta manera es lo que necesito escuchar ahora mismo. Me sentí aliviada y empoderada al estar, por fin, reconociendo y abordando estas necesidades profundas. En el torbellino y el caos de la depresión, no estás en una posición de abordar muchas cosas de manera constructiva. Creo que la medicación ha comenzado a ayudar, al igual que el apoyo de los demás. Tengo la fuerte sensación de que la Secuencia de Centramiento también será de suma importancia para mí, ya que, debido a los considerables desafíos que estoy afrontando, este proceso me involucra en muchos niveles y ya lo considero parte de mi «equipo de supervivencia».

La Secuencia de Centramiento puede convertirse en algo más que eso. Puede convertirse en parte de tu equipo de supervivencia. Pruébala.

22

Practicar la Secuencia
de Centramiento

Cuando un objeto se mueve en una dirección determinada, con un cierto impulso, hace falta energía para cambiar su curso y aún más para detenerlo. Del mismo modo, si un objeto está inmóvil, necesita una buena cantidad de energía para ponerse en movimiento. Lo mismo aplica a los seres humanos y explica por qué algo que parece tan simple como detenerse diez segundos para centrarse (o un minuto con la Secuencia de Centramiento) puede ser tan difícil. Si hemos cogido impulso (si corremos de aquí para allá), necesitamos energía para detenernos; si estamos quietos (algo deprimidos, desplomados en la silla) también necesitamos un golpe de energía para ponernos en movimiento. ¿Cómo reuniremos esa energía?

La respuesta se relaciona con nuestra capacidad de «intencionar». Los seres humanos pueden recordar hacer las cosas si tienen la intención de hacerlo; ¿cómo recordamos recoger a nuestra hija de la escuela o encender el televisor a las nueve para ver nuestro programa preferido? Algunas personas quizás se pongan alarmas para acordarse, pero la mayoría «solo recuerda» hacer esas cosas porque las mantiene en un rincón de su consciencia; recordamos porque queremos recordar. «Intencionar» tiene una base psicológica y se relaciona con la forma en que las neuronas se conectan para diferentes propósitos.

Las neuronas se «reúnen» para desempeñar una labor. El pensamiento es una reunión de neuronas; la memoria es una reunión de neuronas, y la intención es una reunión especial de neuronas. Las neuronas forman «nubes» más grandes o pequeñas que se fusionan o se dispersan según lo que estemos pensando, sintiendo, recordando o «intencionando». «Tener la intención» de hacer algo es equivalente a alinear las neuronas para lograr un objetivo. Una serie de neuronas se alinean para recordarnos recoger a nuestra hija; si no lo hacen, lo «olvidamos». Cuando tenemos la intención de usar la Secuencia de Centramiento, reunimos a las neuronas y las alineamos para un propósito en particular. Luego, cuando es necesario, nos traen el pensamiento: «Muy bien, hora de centrarse».

Comienza por memorizar las seis frases y luego nombra tu intención. Di: «Hoy usaré la Secuencia de Centramiento al menos tres veces», «usaré la Secuencia de Centramiento en cuanto llegue del trabajo», o algo similar. Enfatiza la intención diciendo: «¡Tengo la intención de usar la Secuencia de Centramiento!». Si lo dices en voz alta, ¡mucho mejor! Al final del día, evalúa si te has mantenido fiel a tu intención.

Cómo practicar la Secuencia de Centramiento

STEPHANIE

Me estoy dando cuenta de que la Secuencia de Centramiento es una excelente herramienta para centrarme. Antes de usarla, me sentía muy deprimida, me sentaba en el suelo a llorar y tenía muchos pensamientos negativos. Tan pronto como comencé a usar la secuencia, empecé a perder esos pensamientos y continué usándola hasta que dejaron de invadir mi mente y memoricé la secuencia. Sentí una sensación de hormigueo en las manos y en los brazos, y una sensación física de paz en mi corazón. Es la misma sensación que tengo después de hacerle un tratamiento energético a alguien. Sentí que mis energías estaban equilibradas. A medida que practicaba la secuencia me fui relajando cada vez más y comencé a respirar más profundo. Por un tiempo, me adelantaba a la frase siguiente o tenía otros pensamientos, pero dejé de hacerlo al final de la sesión. Sentí que me sumergía cada vez más, como si estuviera entrando en un estado hipnótico. Ahora me siento más fuerte y resuelta que hace unos minutos. Siento que puedo controlar mis sentimientos y mis estados de ánimo, y no dejar que los demás me depriman. Las afirmaciones son muy poderosas, en especial la de confiar en tus recursos. Creo que la secuencia te anima a creer en ti y a mantenerte enfocado.

La formulación de las invocaciones te anima a creer en ti. Cuanto más las utilices, más te motivarás.

TINA

Hoy, al probar la secuencia, al principio noté que estaba acelerando mi respiración. Tuve que seguir repitiendo la primera frase hasta que pude sentir que me estaba tranquilizando de verdad. Sin duda tenía una resistencia real a detenerme. Quería revisar mi correo electrónico, consultar mi agenda o mirar mis facturas. Quería seguir ocupada. Luego, con el Paso 2, vino el alivio. Me gustó saber que no había nada que esperar. No tenía un objetivo, nada que lograr. Sentí que se me quitaba un peso de encima. El Paso 3, nombrar mi trabajo, fue difícil. Nombré «organizar mi agenda» como mi trabajo, pero no me sentí bien con eso. Luego, en el Paso 4, me confundí. No estaba segura de en qué recursos estaba confiando. Aceptar el momento fue mucho mejor. Pensé: «Estoy haciendo exactamente lo que quiero hacer en este momento». Con el último paso, sentí que la meditación había terminado y que estaba regresando a mi ajetreada vida con una cierta fuerza emocional. En general, ha sido un éxito mixto, pero un éxito al fin y al cabo.

Es posible que no entres de inmediato en la Secuencia de Centramiento, en especial si detenerte es un verdadero desafío para ti. Si ese es el caso, empieza con tantas respiraciones preliminares como sea necesario. Puedes pensar algo como «me detengo por completo» en las respiraciones de transición o no pensar en nada en absoluto.

VIVIAN

Hoy fue uno de esos días en los que las cosas avanzaban sin problemas, así que estaba bastante relajada y centrada cuando hice la secuencia. La elección de las palabras me resultó cómoda y acertada. A medida que memoricé las palabras, pude sentirlas con más convicción. En el Paso 1 sentí que podía suspender mi interacción con el mundo exterior. En el Paso 2 sentí permiso para soltar las expectativas que agregan presión y la posibilidad de decepción. En lo que respecta al trabajo, dije: «Soy una pintora relajada y creativa». Estoy trabajando para cambiar mi estilo de pintura de uno preciso, rígido y basado en el «realismo», el cual me habían inculcado como la forma «correcta» de pintar, a uno que sea más audaz y fluido. Experimenté mucha felicidad ante la posibilidad de que esta sea una herramienta para ayudarme a ser más experimental en mi arte.

La Secuencia de Centramiento es una herramienta que sirve de gran apoyo para grandes cambios y desafíos. Al requerir un minuto, te da el tiempo para prepararte incluso para el trabajo más difícil.

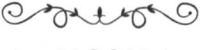

WANDA

Sentí afinidad con la secuencia de inmediato, probablemente debido a mi práctica de meditación y a los beneficios que obtengo de ella. También me recordó algo que solía hacer hace varios años, sacado de un libro ya olvidado, que consistía en pensar «inhalo fuerza, exhalo miedo» mientras respiraba de manera profunda y prolongada. Pero realmente me gusta el formato de «secuencia» de la Secuencia de Centramiento, que está pensada para llevarme del mundo del trabajo y la eterna ocupación y preocupación a un lugar tranquilo, y luego devolverme al trabajo. Ayer me sentía desolada. Estaba sentada junto al puerto, lo que ayudaba un poco, pero de repente recordé la secuencia, cerré los ojos y la hice un par de veces, y me sentí mejor. Es otra herramienta que puedo usar para obtener estabilidad en un mundo inestable. Cuando no tengo tiempo para treinta minutos de meditación formal o no puedo salir a caminar por la naturaleza, puedo ir a un lugar profundo y en calma con facilidad mediante esta práctica tan útil.

Cuando lo necesitas, recuerdas «de pronto» que tienes la Secuencia de Centramiento a tu disposición. Es más probable que tengas esa suerte si te comprometes a su práctica regular.

JASON

Hoy, mientras estaba sentado en el metro y luchaba por mantener una actitud positiva de camino a un trabajo sin sentido y que me agota el alma, recordé la Secuencia de Centramiento y decidí probarla. Más tarde ese día, mientras corría de una tarea aburrida a otra, me detuve otra vez para hacerla. Y cuando intentaba hacer la transición de las actividades hechas por necesidad (el trabajo diario) a las actividades que necesita mi alma (escribir), realicé la secuencia. Cada paso tuvo significado para mí. «Me detengo por completo»: necesito recordar detenerme en un sentido físico, ya que suelo correr mucho, pero lo más importante es detenerme mentalmente, ya que mi cerebro tiende a inventar historias negativas. «No espero nada»: es muy importante pensar/sentir esto. Las expectativas me traen mucho sufrimiento, incluso cuando creo que las he limitado. ¡Y el paso variable es excelente! Hace que la secuencia sea adaptable a lo que sea que esté pasando en el momento. Algunas de las frases que he utilizado son: «(Sé intuitivamente) (el camino correcto a seguir)» y «(soy) (una persona creativa)». «Confío en mis recursos»: aquí me recuerdo que tengo recursos, tanto internos como externos, que me ayudarán a lograr lo que haya abordado en el paso anterior. Y es muy necesario para mí creer no solo que tengo recursos, sino que puedo confiar en ellos, ya que la confianza, la fe, o como quieras llamarlo, es algo que me cuesta mucho mantener. «Abrazo este momento»: mi práctica de meditación me ha ayudado mucho con esto, pero sigue siendo algo con lo que lucho constantemente. Es crucial para lidiar con lo que está sucediendo en el aquí y ahora, en lugar de proyectar y crear una historia futura o lamentarme de algún error pasado. Nunca está de más recordar esto. Incluso cuando las cosas se ponen difíciles, la realidad de lo que está sucediendo en el momento es mucho más manejable que los escenarios extremos que he creado en mi mente. Y luego, «regreso con fuerza», lo cual es una fabulosa manera de hacer la transición de vuelta al mundo exterior.

Cada paso de la Secuencia de Centramiento tiene un significado real; si uno de los pasos no lo tiene para ti, intenta eliminarlo o reemplazarlo por otra frase. Tu secuencia puede tener cuatro o cinco frases; no existe un número mágico.

ABBY

Además de probar la Secuencia de Centramiento cuando me siento dispersa o arrastrada en múltiples direcciones, la he usado de otras maneras. Una es como un dispositivo para despertarme, una transición hacia el nuevo día. No soy una persona madrugadora y suelo tardar en hacer la transición del sueño a la vigilia. De hecho, a veces pienso que salir de la cama es el trabajo más difícil que hago durante todo el día. He descubierto que la Secuencia de Centramiento es muy útil para motivarme. Paso por el proceso de inhalar y exhalar de los seis pasos, lo que me ayuda a convencer a mi cerebro perezoso de que es de día y que debo hacer algo al respecto. Para nombrar el trabajo, utilizo una frase como «(comienzo) (un día maravilloso)» o «(me levanto con) (energía y entusiasmo)». También uso la secuencia como un cambio de marchas para moverme de un proyecto a otro. Dado que trabajo como escritora por mi cuenta, haciendo más que nada comunicaciones organizacionales para clientes, a menudo tengo varios proyectos en marcha al mismo tiempo. Cuando me he sumergido profundamente en un proyecto, suele llevarme mucho tiempo cambiar mi atención a otro, pero la Secuencia de Centramiento hace que sea más fácil pasar de un proyecto a otro. ¡Excelente!

Intenta que la Secuencia de Centramiento sea lo primero que hagas por la mañana. ¿Puedes pensar en una mejor manera de empezar el día?

23

Personalizar la Secuencia de Centramiento

La estructura y la redacción de la Secuencia de Centramiento se han diseñado con cuidado. No obstante, es posible que desees ajustar las frases o reemplazar algunas de ellas por otras. Tal vez alguna de mis frases te resulte molesta, tenga una connotación negativa o, de alguna manera, reste a tu experiencia de centramiento. O puede que descubras que te gusta repetir ciertas frases más de una vez o que, al eliminar una o dos frases, la secuencia tenga más sentido para ti. Siéntete libre de personalizar y adaptar la Secuencia de Centramiento hasta que se ajuste a ti.

Veamos algunas experiencias de clientes y participantes en estudios en la personalización de la secuencia. Después de leerlas, practica la Secuencia de Centramiento algunas veces y empieza a pensar en qué ajustes, si es que deseas hacer alguno, te gustaría realizar. No es necesario que los hagas, ya que la Secuencia de Centramiento puede funcionar de maravilla para ti tal como está. Pero si consideras que es necesario realizar algún cambio, no dudes en hacerlo.

Cómo personalizar la Secuencia de Centramiento

SARAH

He decidido dar un giro a «confío en mis recursos». La palabra «recursos» se usa mucho en el mundo empresarial como un sustituto de «activos». A menudo se llama a las personas «recursos». Creo que le doy una connotación negativa a la palabra «recursos» debido a mi trabajo en el ámbito corporativo. Probablemente, si le hubiera dado una oportunidad a la frase, me habría acabado gustando y tal vez habría vuelto a la secuencia original, pero por ahora estoy usando «confío en la abundancia» en lugar de «confío en mis recursos».

Si asocias alguna palabra en la Secuencia de Centramiento con un concepto que no te gusta, sustituye esa palabra por otra que prefieras.

DIANE

Hay una sensación de claridad y ritmo en la mayoría de las frases, porque la mayoría comienzan con un verbo en primera persona y la segunda parte la modifica de una manera que fluye con suavidad durante la inhalación y la exhalación. La única que no parecía fluir era: «(Me detengo) (por completo)», así que la cambié por «(estoy en) (pausa total)». Suena un poco raro, pero creo que es una mejora. Al menos voy a intentarlo y ver si ese cambio hecho por coherencia resulta ser inteligente.

Parte del proceso de utilizar la técnica de Diez Segundos Zen es encontrar ese lenguaje de las invocaciones que mejor te funcione a ti. Ten paciencia y recuerda que tus primeros intentos de centrarte son experimentos. El viaje que emprendes para encontrar las frases adecuadas te enseñará mucho sobre lo que de verdad te tranquiliza y te centra.

JEAN

Comencé teniendo problemas con la frase: «Me detengo por completo». Cada vez que pensaba en esas palabras, sentía una oleada de miedo, porque para mí, detenerme por completo significa la muerte. Una pausa es una cosa, pero detenerse totalmente es otra. Seguía intentando decirme que esa invocación se refería a una especie de pausa, no a una detención total, pero no funcionaba. Así que probé una frase con «pausa» para ver qué sucedía. Lo que descubrí fue que, después de intentarlo con mi propio lenguaje, volví a tu frase y me pareció bien. Ahora disfruto de la secuencia y la encuentro muy reconfortante. Creo que lo que pasó en un principio fue que estaba concentrándome en frenar mi respiración y pensando en «detenerme por completo». Esas dos cosas se unieron en mi mente y resultaron en pensamientos sobre la muerte. Al probar mi propio lenguaje y luego volver al tuyo, el problema desapareció.

Por supuesto que tienes permiso para crear una Secuencia de Centramiento que funcione bien para ti. Esa es tu responsabilidad.

MARTHA

Realmente me gustan las frases y las encuentro muy tranquilizadoras, pero estoy pensando en usar «no exijo nada» en lugar de «no espero nada» debido a las connotaciones que esas palabras tienen para mí. Decirme a mí misma que no exijo algo significa que debo poner un freno a la energía inútil o negativa. Si dejo de exigir, suelto el control y las cosas ocurren por su cuenta. «No espero nada» tiene una connotación negativa para mí, como un quejido. Sé que esa no es la intención y puedo escucharla de la «forma correcta», pero prefiero el concepto de dejar de exigir.

No es fácil saber claramente cuál es la diferencia entre trabajar duro para lograr metas y necesitar alcanzar esas metas. Encuentra el lenguaje que deje esa distinción clara para ti. Tu capacidad para centrarte depende de tu habilidad para desprenderte de los resultados.

~~~

JONATHAN

El trabajo de personalizar la Secuencia de Centramiento está integrado en ella porque tienes que nombrar un nuevo trabajo cada vez que la usas. Esa necesidad hace que la secuencia se renueve cada vez y hace que las otras frases sean más aceptables. Es como si pudiera aceptar tus frases siempre y cuando pueda juguetear con una de ellas. Es asombrosa la variedad de ideas que encajan en la frase de trabajo. He usado «conduzco despacio», porque no puedo permitirme recibir otra multa. He usado «corto el maldito césped», una frase que me centró porque me permitió desahogarme un poco sobre cómo las tareas siguen acumulándose. Y he usado «mi afición es importante», porque tenía que convencerme de que no era egoísta dedicar un poco de tiempo a la fotografía. Así que la Secuencia de Centramiento se siente «mía» cada vez que la uso gracias al paso de nombrar el trabajo.

Jonathan tiene razón. La Secuencia de Centramiento debe personalizarse cada vez que la usas, ya que el paso de nombrar el trabajo está vacío hasta que lo llenas.

ADAM

Descubrí que me ayuda repetir cada paso de la secuencia hasta que me sea fácil respirar y mi mente se quede vacía. La primera vez que digo la frase no la escucho ni la siento de verdad, pero la segunda vez sí, así que he convertido la secuencia de seis pasos en una de doce pasos. Obviamente, eso hace que tarde un poco más, pero los dos minutos que dedico a centrarme me parecen una inversión muy valiosa. Además, repetir las frases me ayuda a recordar la secuencia. Ahora la conozco a la perfección, pero el proceso de repetición me está ayudando a interiorizarla aún más.

Tal vez quieras probar la versión de la secuencia de Adam. Al menos te ayudará a memorizar las frases.

SANDRA

Al principio repetía toda la secuencia, pero acababa sintiéndome descentrada. Entonces, cambié lo de «confío en mis recursos» por tres frases diferentes: «Confío en mis recursos», «confío en mí misma» y «confío en mi fuente». Eso me permitió concentrarme en aspectos específicos de mis recursos. Ahora me gusta mucho este paso y, a veces, incluso sonrío involuntariamente con anticipación. También añadí «regreso con propósito» al final, por lo que tengo dos frases que cierran mi secuencia. Eso hace que mi secuencia tenga nueve frases, y así parece adaptarse a mí a la perfección.

Tu versión de la Secuencia de Centramiento puede ser más corta o más larga que la mía. Siempre que te parezca sustancial y te centre, tendrá la longitud adecuada.

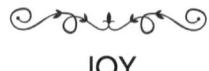

JOY

El paso de «confiar en tus recursos» me supuso un gran problema. Cada vez que pasaba por la secuencia, llegaba a él y me sentía bloqueada. La palabra «recursos» me sonaba rígida, metálica y fría. Me hacía pensar en «retorno de inversión» y en un término que realmente odio: «gestión de capital humano». Así que probé con «confío en mi propia sabiduría», que fue mejor; «confío en mi voz interior», que estuvo bien, y luego «confío en mi conocimiento interno». Esa frase fue la que me funcionó a la perfección. Resuena para mí en muchos niveles.

Es fabuloso contar con una frase que «resuene». Un lenguaje rico en asociaciones personales profundiza la experiencia de centrado.

ADAM

Dejé de usar la frase de «abrazo este momento» y, en su lugar, uso «aquí y ahora». Pensaba en abrazar el momento y lo imaginaba como algo externo y concreto, algo que podría abrazar físicamente. Como prefiero no concebir el momento como algo fuera de mí, sino como algo que existe en mi interior, cambié la frase. «Abrazo este momento» funcionaba bastante bien, pero supongo que me gusta más «aquí y ahora». También la uso como mi invocación básica y está haciendo un trabajo maravilloso para centrarme.

Un programa completo de centramiento en diez segundos incluye usar una o dos invocaciones a diario para centrarte, conocer las doce invocaciones para que las tengas disponibles y emplear la Secuencia de Centramiento como un dispositivo más sustancial. Intenta implementar este programa completo.

LITA

Me di cuenta de que me gusta repetir mi línea sobre el trabajo al final de las seis respiraciones, lo que resulta en un total de siete. «(Trabajo) (en mi presentación)» o «(trabajo) (en el capítulo cuatro)» son las frases que más uso últimamente. Al terminar toda la secuencia, en general me siento tranquila y lista para continuar, pero añadir algo sobre el trabajo me conecta directamente con la tarea. Creo que se supone que debo lograr eso con la frase de «regreso con fuerza», pero decirme a qué estoy regresando parece darle a la secuencia un poco más de energía.

Lo que Lita añade es otro excelente ejemplo del proceso de personalización. Si necesitas más energía, añádela.

24

Centrarte en público

Tal vez te resulte difícil practicar las invocaciones y la Secuencia de Centramiento incluso en la intimidad en tu casa, pues es difícil generar hábitos, pero será aún más difícil usar la técnica de los Diez Segundos Zen fuera de casa, donde la ansiedad social, los mandatos culturales y la imagen entran en juego. Pocas personas están dispuestas a detenerse en medio de una acera ajetreada, a dejar que el tráfico pase a su alrededor y hacer algo «en su mente» durante un minuto o incluso segundos. ¡Eso parecería muy sospechoso en nuestra cultura!

Si te sientes demasiado cohibido para usar los diez segundos de centramiento en público, es probable que tengas dificultades para centrarte en la vida, pues no es algo que solo debas hacer en casa como práctica. Necesitas darte el permiso para usarlo siempre que lo necesites. Aunque suene obvio, debo enfatizarlo; ninguna estrategia de centramiento servirá si no puedes usarla cuando la necesites de verdad.

¿Usarías las invocaciones con tus hijos a bordo del coche? ¿Las usarías antes, después y, más importante, durante una reunión? ¿Puedes permitirte usar los Diez Segundos Zen sin importar lo que esté pasando o quién te esté mirando? Sería bueno que pudieras hacerlo. El objetivo no es solo centrarte durante unos segundos por la mañana o después de la cena, sino estar centrado todo el día y, para lograrlo, debes permitirte usar las invocaciones en público.

Tal vez parezcas sospechoso o tal vez nadie lo note; tal vez te sientas ridículo o tal vez nadie te mire dos veces. En cualquier caso, tendrás que darte permiso para centrarte en público, pues hacerlo será centrador en sí mismo. Al liberarte del impulso social de verte como la sociedad quiere que te veas (una ansiedad social subyacente que muchos padecen constantemente), te liberarás de muchos «deberías» y de gran parte de la ansiedad que te afecta. De pronto, te sentirás poderoso y relajado en público.

El uso público de los Diez Segundos Zen que menos dificultad presentará será en un sitio «público pero privado», como en el banco de un parque o mientras escribes en un café, donde tu mayor preocupación será cómo te verán los extraños que pasen o los clientes del café. El uso más difícil es en el trabajo, donde no solo te preocupará la imagen que des, sino cómo tu comportamiento afectará a tus relaciones laborales y a tu forma de sustento. Un punto intermedio sería centrarse en presencia de familiares y amigos, aunque podría ser lo más difícil para algunas personas. Sinteticemos las tres situaciones:

1. Ante un público anónimo.
2. Con tu círculo íntimo.
3. En el trabajo.

Te animo a que hoy intentes utilizar los diez segundos de centramiento en la situación más fácil de las tres, es decir, en un lugar público donde seas anónimo. A pesar de ser el escenario más fácil, puede que no te sientas nada seguro al exponerte a un minuto de escrutinio sentado en una mesa de cafetería o parado en un pasillo de supermercado. Aun así, espero que lo intentes de todas formas y que, si lo consigues, mañana pruebes con un escenario más «arriesgado», como en el trabajo o en un almuerzo con amigos. Aprende a centrarte en el mundo, pues es ahí donde lo necesitarás.

Cómo centrarte en público

JUNE

¡Realizar la secuencia en público es un gran paso! Debes sacar las invocaciones al mundo real. Esto no va de crearte un altar donde enciendes velas, escuchas música de flauta y el mundo no puede alcanzarte, sino que es tu altar interior. Lo llevas contigo. Lo usas para interactuar mejor con el mundo, para ser la persona que quieres ser y vivir la vida que quieres vivir. Soy la fundadora/líder de un grupo de escritores de ficción y nos reunimos en una biblioteca. Antes de la reunión, después de que se colocaran las mesas y sillas, salí a la biblioteca, me senté y realicé la Secuencia de Centramiento. Fue muy fácil. Luego, a mitad de la reunión, mientras la gente hablaba y yo hacía de moderadora, hice la secuencia otra vez. Como tenía que prestar atención a la reunión, dividí un poco mi atención entre la secuencia y lo que estaba sucediendo, lo que reforzó mi rol y mi sensación de relajación. Realmente quería permanecer presente en la reunión y no estar tan ocupada liderando, coordinando, moderando y demás. Esto sucede a menudo, ya que mi energía se gasta en esos deberes y no puedo sentarme y disfrutar de estar con mis compañeros. Al usar la Secuencia de Centramiento, logré permanecer presente y me sentí renovada al final de la reunión, no agotada.

Puedes centrarte aun mientras suceden cosas a tu alrededor. ¡Cuanto más se agiten, más necesitarás centrarte! Aprende cómo centrarte «en el momento» sin importar lo alborotada que se ponga la vida.

KAREN

Ya había comenzado a usar las invocaciones en público (por ejemplo, en la iglesia y en las reuniones vespertinas de la iglesia). También las he encontrado muy útiles en los embotellamientos y en la carretera cuando preferiría estar en otro sitio. Hoy las he usado mientras estaba en la cola de la carnicería y luego en el supermercado. Sin embargo, no las usé en los pasillos, ya que son demasiado estrechos y hubiera bloqueado a otros clientes en una mañana de sábado muy ajetreada. Es curioso, pero no creo que pareciera muy diferente a cualquiera que hubiera por ahí de pie apresurado. En otras palabras, si estuviera haciendo una técnica de relajación/centramiento, ¿crees que todas las demás personas estresadas en la cola me mirarían? No lo creo. Usar la Secuencia de Centramiento en público ha sido una buena experiencia. Detenerme y tranquilizarme es algo que debería haber comenzado a hacer hace años. Vaya, ¿por qué no lo había pensado antes?

Si usar las invocaciones en público te parece difícil, intenta hoy con algo más simple. Solo prueba a cerrar los ojos durante tres o cuatro segundos en un lugar público. Cuando abras los ojos, fíjate si alguien lo ha notado. ¿Qué imaginas? Apostaría a que todos siguen haciendo justo lo que hacían unos segundos antes.

LESLIE

He usado la Secuencia de Centramiento en público, mientras conducía (sí, con los ojos abiertos), en cafeterías y en mi oficina (que es privada). No es algo muy difícil de hacer y no siento que llame mucho la atención al hacerlo, ya que paso mucho tiempo haciendo cosas de manera independiente y en privado. Tampoco siento siempre la necesidad de detenerme y cerrar los ojos para centrarme. He descubierto que esta práctica me recuerda que me dé cuenta de cuándo no me siento centrada y que haga algo al respecto en lugar de seguir sintiéndome dispersa, ansiosa o desenfocada. Últimamente he experimentado con ansiedad, esa que me provoca un nudo en el estómago de repente y que no parece estar causada por nada en particular. He logrado usar las invocaciones en esos momentos de ansiedad, lo cual es todo un logro. Por ejemplo, estaba a punto de hacer una llamada telefónica a México desde mi oficina y me sentía ansiosa por el idioma, así como por hablar con la amiga a la que llamaría. Decidí «confiar en mis recursos» y «estar a la altura de este desafío» y pude tranquilizarme y recomponerme. La llamada salió muy bien. Pude entender a mi amiga y expresarme en español, y mi nerviosismo general al hacer la llamada fue menor que nunca.

Una de las ventajas de practicar los diez segundos de centramiento es que notarás mucho más rápido cuándo te descentras. Eso por sí solo es muy valioso, pues entonces solo estarás a una respiración y un pensamiento de recuperar el equilibrio.

MIKE

Hoy he probado el centramiento de diez segundos en casa mientras mi esposa estaba en la habitación. Pensé que sería lo más público que podría hacer hoy y sentí que ya había hecho las invocaciones en situaciones anónimas, así que era hora de pasar al siguiente nivel. Más tarde, fuimos al cine y lo hice durante la película, porque la gente hablaba y me distraía de la película, lo que me estaba estresando. No sentí que eso fuera suficiente práctica pública, así que lo hice de pie fuera del coche en una gasolinera muy concurrida en el camino de regreso a casa. En todas estas circunstancias, incluso con mi esposa, que me ve actuar de manera ridícula todo el tiempo, y en la oscuridad del cine, donde nadie me veía, me costaba concentrarme. Me distraía con facilidad, estaba cohibido y en realidad no profundicé en las frases. Simplemente pasé por los movimientos sin mucha conciencia del significado de lo que estaba diciendo y solo cerré los ojos frente a mi esposa. Sé que necesitaré mucha práctica. Soy una persona con una gran cantidad de ansiedad social subyacente. Incluso tengo problemas para hacer un calentamiento efectivo antes de una actuación si existe la posibilidad de que alguien pase por la zona de vestuarios, aunque sé que podría lesionarme o dar una mala actuación si no lo hago. Veo que la ansiedad social es un gran problema en mi vida y algo que de verdad necesito controlar.

Si te resulta difícil centrarte en público, eso puede darte mucha información sobre tus niveles de ansiedad. Tómate en serio esa ansiedad y haz el pacto contigo mismo de hacerte cargo de tu ansiedad social.

NORA

He tenido un par de citas médicas recientemente, así que utilicé la Secuencia de Centramiento mientras esperaba a que me llamaran para entrar a la consulta del médico. También la probé en un pícnic grupal ayer. He llegado al punto de mi vida en el que no me preocupa demasiado lo que piensen de mí quienes no me conocen. He adquirido el hábito de estar a la pata coja mientras espero en la fila del supermercado (para mejorar mi circulación) y he descubierto que la mayoría de las personas están tan preocupadas por sí mismas y por lo que

179

están haciendo que no me prestan atención. Además, vivo en una ciudad, lo que hace que mi comportamiento sea aún más anónimo. Ayer decidí usar la secuencia en el pícnic anual de la iglesia unitaria a la que asisto. Eso me pareció un entorno más desafiante que una sala de espera, ya que conocía a la mayoría de la gente allí, al menos de nombre o de vista. Los unitarios son tolerantes con casi todo el mundo, así que sabía que nadie se molestaría aunque notara que estaba haciendo respiraciones profundas. Como no tenía que decir las frases en voz alta, solo esperé un momento en que los demás estuvieran conversando. Esta técnica de centramiento me ayudó a enfocarme en el momento, en el hermoso día y en las personas con las que disfrutaba estar.

Tú tienes el control de tu práctica de centramiento. Puedes centrarte ahora o, si lo prefieres, esperar cinco minutos hasta que las personas no estén prestándote atención.

PAT

Hace unos días, viajaba a 110 kilómetros por hora en la autopista y uno de esos vehículos utilitarios enormes se pegó a mi parachoques. Yo mantenía unos cuantos metros de distancia del coche que iba delante de mí, y supongo que el conductor detrás de mí pensó que debía reducir ese espacio. Sentí que mi ira aumentaba porque tenía a mis dos hijos en el asiento trasero y se les veía fácilmente. Estaba atrapada, hasta que pude llegar a un lugar donde las líneas divisorias de carriles me permitieron moverme. Usar la Secuencia de Centramiento me ayudó realmente a recuperar mi compostura. También utilicé la secuencia la semana pasada cuando llevé a mi padre al médico. Es un hombre terco, pesa noventa kilos y tiene la costumbre de pisarme los dedos con su silla de ruedas cuando estamos sentados en la sala de espera. Cuando le llamo la atención al respecto, se encoge de hombros y me dice que no es para tanto porque tengo otro pie. La secuencia me ayudó a mantener la calma. Ya no me preocupa cómo se vería algo así en público. Dudo que alguien preste atención.

Céntrate en el lugar en el que te encuentres, donde sea y en cualquier momento.

RACHEL

Ayer utilicé la Secuencia de Centramiento en el camino de regreso a casa después de una película perturbadora porque me alteraron algunas de las imágenes, pero sobre todo porque había un posible problema con mi hija, que ha vuelto a vivir con nosotros. No estaba segura de lo que encontraríamos cuando llegáramos a casa y eso me tenía atemorizada. Mi esposo no notó que tenía los ojos cerrados o, si lo notó, pensó que estaba descansando. El centramiento en el camino de regreso me ayudó a sentirme más capaz de lidiar con esta hija difícil. Hoy lo usé en la iglesia antes de que comenzara el servicio, de nuevo a causa de esta misma hija. Tuvimos un problema durante la noche, otro episodio de nuestro conflicto continuo con ella. En la iglesia, quizás por el ambiente y el trabajo que estaba realizando, la parte más importante de la secuencia resultó ser el paso de «confiar». Necesitaba recordarme a mí misma que, de alguna manera, esta hija mía estaría bien y que yo sobreviviría a que viviera con nosotros, por más que fuera mucho tiempo. En las últimas dos semanas he utilizado la Secuencia de Centramiento para apoyarme en las siguientes actividades: llevar tres coches a mantenimiento, conseguir que nos restablecieran el seguro de salud después de una pausa de seis meses debido a un error administrativo, un accidente de coche de una hija, el comportamiento problemático de otra, alrededor de diez noches de insomnio, el empeoramiento de la salud de mi madre y algunas pruebas médicas invasivas programadas. Nada de eso fue fácil y mucho de ello continuará causándome preocupación durante los próximos meses. Pero probablemente he evitado al menos un cincuenta por ciento del desgaste en mi salud física y mental gracias al centramiento.

Ponte el objetivo de practicar las invocaciones en público en cada oportunidad que tengas. Piensa de cuánto desgaste te salvará hacerlo.

25

❦

Centrarte para sanar

El centramiento en diez segundos es un excelente «enfoque mental» a la sanación y es ideal para sumarlo a otras estrategias que emplees para mantenerte mental y físicamente bien. Puedes usarlo para reducir el estrés, fomentar hábitos saludables y ponerte en un camino de sanación. La Secuencia de Centramiento es especialmente útil para mejorar la salud. Estos son algunos tipos de «trabajos» que podrías mencionar en el paso de nombrar el trabajo de la secuencia:

(Me siento) (más fuerte)

(Mi muñeca) (está sanando)

(Anticipo) (buena salud)

(Me hago) (más fuerte)

(Estoy cuidando) (mi cuerpo)

(Mi espalda) (está mejorando)

(Mi resfriado) (pasará)

(Recupero) (la salud)

Lo que decimos en nuestra mente influye en nuestra salud física y emocional. Afirmar cómo nos gustaría sentirnos y reducir el autodiálogo negativo disminuye el riesgo de padecer enfermedades relacionadas con el estrés e infecciones oportunistas. No todos los problemas físicos o emocionales responderán a un enfoque mente/cuerpo, pero muchos sí lo harán. A partir de hoy, programar tu mente para mejorar tu salud física y emocional será un gran favor que te harás a ti mismo.

Una forma sencilla de usar el centramiento en diez segundos y la Secuencia de Centramiento para mejorar la salud física y emocional es nombrar «doy un paseo» como el trabajo que tienes la intención de hacer. La luz y el ejercicio son los mejores antidepresivos naturales que poseemos, y dar aunque sea un paseo de veinte minutos es un excelente recurso para mejorar el estado de ánimo. Como experimento, usa la Secuencia de Centramiento para apoyar tu intención de dar un paseo y observa si el acto de centrarte te motiva a salir y caminar. Prueba este pequeño experimento para subir el ánimo hoy.

DAN

En verano, cuando no estoy fuera actuando, me quedo dentro. Soy sensible al sol y suelo evitarlo, así que tengo que hacer un sobreesfuerzo para exponerme a este necesario nutriente. Pensé en el experimento del paseo, pero no conseguí animarme a intentarlo. De hecho, me sentí agotado y dormí una siesta. Sin embargo, al despertar, me sentí listo. Aunque era tarde, hacía un día hermoso. Usé la frase «listo para el sol» al nombrar mi trabajo. Puse mi cronómetro en veinte minutos y tomé una ruta larga desde mi casa hasta el parque. Disfruté del sol y de la brisa cálida, pero pronto comenzaron a invadirme pensamientos negativos. Me volví a enfocar en el hermoso día, pero me encontraba constantemente atraído hacia lo negativo, así que me detuve por completo e hice la Secuencia de Centramiento justo allí, en el parque. Cuando llegué a casa, a pesar de las emociones mixtas que experimenté durante el paseo, me sentí relajado y con energía. Hice una lista breve de cosas que hacer esa noche y terminé haciendo cuatro de cinco.

CHARLENE

Me encanta la idea de usar la Secuencia de Centramiento para impulsarme a dar un paseo. Usé la secuencia antes de dar un paseo de veinte minutos esta tarde y funcionó de maravilla. Fui a caminar sola y pasé tiempo pensando en resolver algunos problemas que tenía con mi escritura. ¡Me pareció maravilloso caminar, trabajar y disfrutar al mismo tiempo!

Centramiento y salud física

Los Diez Segundos Zen pueden utilizarse de muchas formas para mejorar la salud física y mental. Veamos testimonios de clientes sobre sus técnicas de sanación.

SHELLEY

En estos momentos estoy recuperándome de un esguince en una pierna que me hice jugando un partido de tenis. No solo estoy usando las invocaciones, sino que también estoy recibiendo tratamientos de Feldenkrais, acupuntura y fisioterapia. Con mi atención actual en centrarme y emplear invocaciones afirmativas, tengo confianza en poder sanarme a mí misma. Repito «me siento de maravilla» como una afirmación nocturna junto con las invocaciones que he comenzado a usar. Sé que todo esto trabaja en conjunto.

Contar con las invocaciones genera confianza, lo que a su vez potencia la sanación. Cuanto más integres los Diez Segundos Zen en tu vida, más confianza tendrás en poder resolver las dolencias a las que te enfrentes.

LARRY

Muchas veces he probado un enfoque «mental» para la sanación física. Por ejemplo, cuando siento que viene un resfriado o una gripe, he logrado evitarlo repitiendo: «No voy a enfermar» y «no puedo enfermar». Sé que estas afirmaciones son algo negativas, pero han funcionado lo suficiente como para que dude en dejarlas. Normalmente las uso en momentos en los que estoy muy ocupado con plazos importantes que cumplir. Ahora he comenzado a usar las invocaciones de la misma manera. Cuando siento que viene un resfriado, respiro y pienso: «Confío en mis recursos» y «regreso con fuerza», y tomo algo de vitamina C. De esta manera he logrado evitar resfriados toda esta temporada.

Las invocaciones funcionan como medicina preventiva. Centrarse no solo previene enfermedades relacionadas con el estrés, sino que reduce las posibilidades de resfriarse.

PAMELA

Después de haber sanado un tendón de Aquiles roto, ahora tengo que lidiar con una hernia de disco en L-3 y discos protruidos en L-4 y L-5, ya que tengo una enfermedad degenerativa de los discos. Todo lo que pueda hacer para mantenerme centrada es bueno. Es imperativo para mí mantener una postura adecuada, hacer ejercicio, estirar y seguir en movimiento, pero tengo un trabajo de oficina, así que es muy importante que esté en contacto con mi cuerpo. Estoy usando la Secuencia de Centramiento para recordarme lo que necesito hacer mientras estoy sentada en mi escritorio. También estoy usando la invocación «entro en acción» para levantarme y estirar varias veces al día. Debido al dolor crónico, también estoy usando «estoy abierta a la alegría» para ayudar a mejorar mi estado de ánimo y evitar obsesionarme con lo que me está aquejando.

Tal vez necesites tomar medicamentos varias veces al día para controlar una enfermedad o realizar varias sesiones de terapia para sanar una lesión. Puedes convertir esas tareas en parte de tu práctica de centramiento al respirar y pensar en tu invocación preferida antes, así como usando la Invocación 12, «regreso con fuerza», para completar la ceremonia de sanación.

FRANK

Esta mañana estaba haciendo la Secuencia de Centramiento, usando «despierto con energía» como mi frase relativa al trabajo, cuando sonó el teléfono en mitad de la práctica. Giré mal la cabeza para ver quién llamaba y me distendí un músculo. De repente, me entró un malestar físico. Normalmente haría algunos estiramientos rápidos y luego seguiría trabajando, pero esta vez hice la secuencia usando la frase «mi cuello se está relajando». Eso sirvió para frenar mi respuesta habitual al dolor de cuello, una respuesta que suele causarse más problemas adicionales. Me quedé sentado e hice algunos ejercicios muy lentos y suaves que ayudaron a relajar los músculos y terminé haciendo otra Secuencia de Centramiento usando la frase «sano mi cuello». La secuencia me ralentizó lo suficiente como para que pudiera tomarme el tiempo de ser proactivo, de modo que, de manera muy concreta, mi mente sanó mi cuerpo. Descubrí que «mi cuello se está relajando» no solo era mi estado deseado, sino también el trabajo que tenía que hacer.

El hecho de estar centrado ayuda a estar atento a una lesión o a una enfermedad. Al centrarte y tranquilizarte, tienes más posibilidades de tomar el mejor curso de acción para sanar.

Centramiento y salud mental

El centramiento también ayuda a tu salud mental. Puedes usarlo como parte de tu proceso de recuperación de una adicción, con frases como «estoy limpio y sobrio», «día a día» y «primero lo primero» mientras trabajas con la Secuencia de Centramiento que hayas elegido. Puedes usarlo para calmar una leve manía o para mejorar tu estado de ánimo cuando te invade la tristeza. Puedes usarlo para contrarrestar el pesimismo y la negatividad y, al afirmar tu intención de crear sentido, aliviar las dificultades existenciales. Sus usos en materia de salud emocional y mental son ilimitados. Aquí te ofrezco algunos testimonios.

HELEN

Cuando me siento deprimida y quiero salir de un estado de ánimo debilitante, a menudo me siento y repaso la secuencia de centramiento. A veces también añado otras autoafirmaciones para restaurar mi energía decaída. Me alegra decir que hacer la Secuencia de Centramiento es una manera fiable de disipar mi letargo y levantarme el ánimo. Realizarla puede ser la manera más eficaz que tengo de recargarme rápidamente porque me ayuda a concentrarme en lo que quiero hacer o lo que necesito hacer. Ese reenfoque parece ser una forma infalible de mejorar mi estado de ánimo.

Varias de las invocaciones te impulsan a actuar, lo que a menudo te sube completamente el estado de ánimo. Cuando te sientas letárgico, aburrido o triste, piensa en un trabajo significativo, nómbralo usando la Invocación 3 y luego añade las invocaciones 8, 10 u 11 («creo mi propio sentido», «estoy a la altura de este desafío» o «entro en acción») para despertar tu energía y ponerte en movimiento.

DONNA

Empecé a usar las invocaciones en un pico del estrés. Había pasado por dos meses de estrés intenso debido a la hospitalización de un familiar, crisis financieras, emergencias con animales y ataques personales por parte de algunos compañeros de trabajo en la oficina. Estaba bajo tanto estrés que no podía funcionar en absoluto. De hecho, acababa de escribirle a una amiga para rogarle que me confiara sus secretos para llevar una vida equilibrada. El universo me estaba enviando mensajes de auxilio para que probara la meditación y estos mensajes llegaban cada vez con más frecuencia conforme mi salud se deterioraba. Ese era el estado de ánimo en el que me encontraba cuando comencé con el centramiento de diez segundos. Abordó mis preocupaciones de inmediato y mis estados más disfuncionales. Ya había reconocido todo lo que mencionas, pero era mucho más claro en este «paquete» en particular. Estaba lista para hacer un cambio, sabía qué dirección debía tomar, y el centramiento de diez segundos coincidía perfecto con esa dirección. Se ha convertido en una herramienta clave para ayudarme a recuperar y mantener mi salud física y emocional.

Sin duda, con tu experiencia has aprendido mucho sobre lo que te ayuda a mantener tu equilibrio emocional y tu salud mental. Pero, en general, no basta con saberlo, sino que también necesitas prácticas fáciles de entender y de usar. El centramiento de diez segundos cumple con ese requisito.

TOM

Estoy usando el centramiento en diez segundos más que nada para reducir la ansiedad. Intento adquirir el hábito de usar las invocaciones todos los días para liberarme de la ansiedad que siempre me desestabiliza. Además de las invocaciones, he estado practicando la secuencia de centramiento y he utilizado las frases «relajado y tranquilo» y «pequeños actos de valentía» en el paso de nombrar tu trabajo. El centramiento no elimina toda la ansiedad en mi vida, pero me da una sensación de control y poder y reduce mi ansiedad a niveles mucho más manejables.

La ansiedad es un problema de salud mental importante, y el centramiento de diez segundos puede ser una herramienta clave para ayudarte a manejar tus pensamientos y sentimientos ansiosos. El componente de respiración profunda reduce la ansiedad, al igual que el componente mental. Juntos forman un conjuro para el manejo de la ansiedad.

SARA

Me ha sorprendido lo bien que me funciona toda la experiencia del centramiento en diez segundos. Despierta mi energía, me ayuda a mejorar mi estado de ánimo, incluso me motiva a caminar y me ayuda a tener claro lo que quiero hacer. Debido a que la práctica me ha resultado valiosa para aumentar mi energía y ha demostrado ser efectiva para ayudarme a mantener mi impulso y productividad, quiero usarla cada vez con más regularidad. La considero un regalo sanador. ¡El poder de la mente es fenomenal!

La sanación comienza con la mente. Las invocaciones son pensamientos correctos que promueven la salud mental y física.

26

Centrarte para rendir

Todos acabamos realizando actuaciones o presentaciones en público, ya sea en reuniones de trabajo, en conversaciones con conocidos mientras bebemos un cóctel, en llamadas telefónicas sobre temas de ventas o en citas románticas. Con la actuación viene la ansiedad de rendimiento, que incluye la ansiedad que asociamos a las presentaciones musicales, teatrales y de danza, así como también la ansiedad que experimentamos en entornos de negocios y en relaciones interpersonales. Es un territorio que abarca tanto a artistas conocidos como a decenas de millones de personas normales y corrientes. De hecho, al preguntar a la gente sobre sus fobias, invariablemente, lo primero en la lista —antes que el miedo a volar, a las serpientes o cualquier otro— es el miedo a hablar en público. Es muy probable que también sea un problema para ti.

También afecta a muchas personas que evitan realizar presentaciones e interactuar de manera regular para no experimentar ansiedad. Así que, para ellos, el tema de la ansiedad de rendimiento es un problema oculto. Si enmascaras tu ansiedad evitando situaciones en las que tengas que rendir o interactuar, es posible que tengas un problema con la ansiedad de rendimiento sin saberlo.

También es posible que estés experimentando ansiedad de rendimiento, pero no la estés identificando como tal. Una profesora de secundaria que fue mi clienta trabajaba hasta la medianoche preparando sus lecciones y siempre llegaba a clase sobrepreparada; sin embargo, nunca se sentía así. Resultó que, debido a que veía la enseñanza como una actuación para la cual necesitaba un guion perfecto, nunca se sentía libre para improvisar, relajarse o «dejar que los niños discutieran las cosas». Una vez identificó que su problema era la ansiedad de rendimiento, comenzó a prepararse de forma más moderada, a interactuar más con sus estudiantes y a disfrutar más de la enseñanza.

Trabajé con un psicoterapeuta que cantaba por *hobby* y que afirmaba experimentar poca ansiedad cuando lo hacía. Pero entre los problemas que presentaba había ataques de pánico periódicos y otros síntomas de ansiedad que me hicieron preguntarme si la ansiedad de rendimiento podría ser un problema oculto en su vida. Resultó que un día asistimos a una reunión de sociabilización en la que los participantes debían presentarse; es natural sentir algo de ansiedad en tales situaciones, pero mi cliente apenas pudo balbucear su presentación. Quedó claro que la ansiedad de rendimiento era, de hecho, un problema significativo en su vida. Una vez que lo reconoció, admitió el problema y comenzamos a trabajar en él, y pudo retomar su carrera de canto, que se había estancado.

¿Qué es lo que, al parecer, nos asusta de las presentaciones o actuaciones? La ansiedad de rendimiento tiene sus causas, sin duda, pero no son tan sencillas como «el avión podría estrellarse, por lo tanto, moriría» o «hay un tigre suelto, mejor correr». Lo que nos molesta acerca de la actuación es lo siguiente: que podríamos fallar, que podríamos sentirnos tontos o que nuestra autoestima podría verse vapuleada, entre otras cosas. La lista de posibles temores es muy larga y, en realidad, es bueno saberlo. Es bueno saber que dentro de nosotros pueden estar ocurriendo muchas cosas a nivel psicológico, lo que contribuye a nuestra experiencia de ansiedad de rendimiento.

La ansiedad de rendimiento ocurre cuando una persona, de manera consciente o inconsciente, etiqueta una situación como una presentación y, por el motivo que sea, se siente amenazado por ella. Todos conocemos la experiencia de sentir una leve ansiedad. En tales momentos, sentimos mariposas en el estómago, la necesidad de orinar, una ligera sensación de desorientación y síntomas físicos similares. Antes de presentaciones importantes o difíciles, podemos reaccionar con síntomas más graves, que pasarán de sentir mariposas a tener náuseas, o de una ligera desorientación a un estado de completo «desconcierto».

Toda persona ansiosa, ya sea que experimente ansiedad leve, moderada o grave, tiene su propio «paquete» de síntomas físicos y pensamientos angustiantes. La actriz Maureen Stapleton explicó: «Cuando estoy en una obra de teatro, la ansiedad comienza alrededor de las seis y media de la tarde. Empiezo a eructar, casi sin parar. Sigo eructando hasta que va a subir el telón y luego estoy bien. Si un camión hace ruido, me asusto. Puedo escucharlo todo. Me da miedo que algo se caiga o que haya una explosión. Estoy nerviosa todas las noches, pero la noche de estreno es aún peor. Hay tanto en juego que me supera».

Entre los síntomas más comunes de la ansiedad de rendimiento están las palmas sudorosas, la boca seca, el aumento del ritmo cardíaco, las manos temblorosas, las rodillas débiles, la falta de aliento, las mariposas en el estómago y un aumento en la necesidad de usar el baño. Los síntomas psicológicos incluyen sentimientos de confusión, desorientación, impotencia y soledad. Algunos artistas reportan quedarse brevemente sordos o ciegos. Otros síntomas psicológicos incluyen el deseo de escapar o esconderse, sentimientos de fatalidad o muerte inminente o sensaciones de irrealidad. La cantante Rosa Ponselle, por ejemplo, recordó: «De hecho, rezaba para que un coche me atropellara y no tuviera que morir en el escenario, una frase que repetí antes de cada actuación durante veinte años».

El violonchelista Pablo Casals escribió en su autobiografía *Joys and Sorrows*: «Di mi primer concierto en Barcelona cuando tenía catorce años. Estaba muy nervioso. Cuando llegamos a la sala de conciertos, dije: "Padre, ¡he olvidado el comienzo de la pieza! ¡No recuerdo ni una nota! ¿Qué debo hacer?". Él me tranquilizó. Eso fue hace ochenta años, pero nunca he conquistado ese horrible sentimiento de nerviosismo antes de una actuación. Siempre es una prueba. Antes de salir al escenario, tengo un dolor en el pecho. Estoy atormentado».

Si sufres ansiedad de rendimiento, mi sospecha es que es probable que no hayas encontrado una herramienta efectiva que te ayude a tranquilizarte y centrarte antes de actuar. Lo más probable es que hayas «padecido» las actuaciones, sufriendo tu ansiedad y los síntomas dolorosos, o que hayas recurrido al alcohol u otras drogas (incluidos los medicamentos recetados) para intentar calmar tus sentimientos de ansiedad. En realidad, hay algo mejor que probar, los Diez Segundos Zen.

Ansiedad de rendimiento y centramiento

Puedes reducir la ansiedad de rendimiento utilizando cualquiera de las doce invocaciones para centrarte antes de actuar. Después de leer los siguientes puntos, elige una o dos invocaciones que serán tus «conjuros contra el miedo escénico» y luego practícalas, primero en tu mente y luego antes de actuar.

1. (Me detengo) (por completo)

Debido a la ansiedad anticipatoria, puede que te apresures a evitar practicar tu discurso o tu instrumento. Utiliza esta invocación para tranquilizarte, detenerte y recordarte que es hora de ensayar. O puede que te encuentres «atrapado» entre bambalinas antes de una actuación y notes que tu ansiedad va en aumento. Utiliza esta invocación como una forma de «detener por completo» tus pensamientos acelerados y tranquilizarte antes de actuar.

2. (No espero) (nada)

Al iniciar una actuación sin esperar ningún resultado en particular —sin esperar que sea perfecta y sin errores, sin anticipar una ovación estruendosa cuando termines, y demás— reducirás tu ansiedad. Utiliza esta invocación para recordarte que las expectativas son una carga y una notable fuente de ansiedad.

3. (Hago) (mi trabajo)

Nombrar directamente la actuación que estás a punto de hacer y enmarcar ese trabajo de manera positiva son estrategias importantes para tranquilizarte. Puedes elegir: «(Actuaré) (con fuerza)», «(estoy listo) (para cantar)», «(esta audición) (será excelente)» o «(estoy emocionado) (de actuar)».

4. (Confío) (en mis recursos)

Puede que estés bien preparado para actuar, pero no sientas que lo estás. Esta invocación te recuerda que, sin duda, estás listo y tienes todo lo necesario para hacerlo bien. También puedes usar esta invocación para asegurarte de que el destino y la alineación de los planetas están de tu lado.

5. (Me siento) (apoyado/a)

En lugar de enfocarte en los aspectos negativos de la situación (por ejemplo, que la sala es más pequeña o fría de lo que te gustaría), reorienta tu mente hacia lo positivo, en especial hacia la humanidad de tu audiencia. También puedes usar esta invocación como un breve recordatorio de tus creencias espirituales.

6. (Abrazo) (este momento)

Puedes intentar luchar contra el momento y desear fervientemente estar en otro lugar. O puedes rendirte, relajarte y abrazar el momento. Luchar contra el momento produce tensión; abrazar el momento genera ligereza y tranquilidad. Usa esta invocación para aceptar que estás donde estás.

7. (Soy libre) (del pasado)

Mientras te preparas para una actuación, de repente puedes encontrarte bombardeado por pensamientos no deseados sobre actuaciones pasadas que salieron mal, por algún aspecto de tu infancia o educación que aún te atormenta o por algún otro recuerdo o sensación visceral conectada al pasado. Usa esta invocación para liberarte de ese pensamiento o sentimiento.

8. (Creo) (mi propio sentido)

A menudo, cuando experimentamos ansiedad por una actuación, comenzamos a dudar de nuestras razones para actuar, cuestionamos nuestros motivos y provocamos una crisis de sentido. Esta invocación nos ayuda a recordarnos que nuestras actuaciones son partes necesarias e incluso vitales de nuestros esfuerzos por darle sentido a la vida. Al sentir la tranquilidad de que actuar tiene sentido existencial, descubrirás que tu ansiedad disminuye.

9. (Estoy abierto/a) (a la alegría)

Esta invocación te recuerda la alegría que hay en el momento presente y que puedes experimentar tocar música, actuar en un escenario o presentar en el trabajo como una experiencia positiva, alegre y sentida.

10. *(Estoy a la altura) (de este desafío)*

Muchos artistas conceptualizan su actuación como un tipo de desafío heroico que les permite poner a prueba sus habilidades y su temple. Si ves la actuación de esta manera, esta invocación puede funcionarte bien. Incluso si no la ves como una batalla, afirmar que estás a la altura de las exigencias de la situación puede resultar un pensamiento tranquilizador y poderoso.

11. *(Entro) (en acción)*

La acción reduce nuestra experiencia de ansiedad, lo que es una de las razones por las que los artistas suelen experimentar significativamente menos ansiedad mientras actúan que cuando esperan para hacerlo. Cualquier acción que tomes, ya sea caminar o estirarte un par de veces, reducirá tu ansiedad. Esta invocación te recuerda que entrar en acción es una herramienta poderosa para manejar la ansiedad.

12. *(Regreso) (con fuerza)*

Tal vez tu papel como intérprete requiera muchas salidas y entradas, o tu parte en el concierto necesite que entres decenas de veces. Esta invocación te ayuda a tranquilizarte y centrarte mientras esperas tu próxima entrada o vuelta. También sirve como una excelente invocación de «transición» mientras pasas de una presentación o actuación a otra a lo largo del día.

Muchas personas descubren que sus carreras se ven obstaculizadas por su miedo a actuar y sus vidas personales se ven mermadas porque temen «actuaciones» como las citas, las fiestas e incluso conversar con sus seres queridos. Reflexiona si la ansiedad de rendimiento es un problema para ti. Si es así, el centramiento en diez segundos puede ayudarte.

27

Ir a la vanguardia

Nos dejaría pasmados escuchar que una persona indígena no tiene tiempo para bailar la danza de la lluvia o para el festival de la cosecha, pero si supiéramos que regresó a su cultura después de viajar, estudiar en el extranjero y volverse cosmopolita, lo entenderíamos. Veríamos que «no tener tiempo» en realidad significa que «estos rituales y ceremonias ya no tienen sentido para mí, aunque estoy dispuesto a fingirlo». El cambio se debe a que el individuo se ha expuesto a otra cultura, a otra mentalidad y a otra forma de ver el universo.

A nivel mental, estoy seguro de que entiendes cómo podrían ayudarte los Diez Segundos Zen. Si aún no has intentado usar las invocaciones, supongo que lo has atribuido a un problema personal, del tipo «soy muy holgazán» o «soy muy indisciplinado». Sin embargo, estoy seguro de que la mayor parte de la culpa reside en las reglas de nuestra cultura y en la forma en que las seguimos. A nivel cultural, apenas tienes permiso para incorporar los diez segundos de centramiento a tu vida, si es que lo tienes.

Tal vez esto te sorprenda, pero imagina lo siguiente: supón que tu vecino de la izquierda comienza a salir todas las mañanas a pasar un minuto centrándose en el césped. Luego, tu vecino de la derecha comienza a hacer lo mismo cada noche. Todos en la cola del supermercado se centran sin darse cuenta; los cajeros también (incluso los que están en las cajas rápidas); tus compañeros de trabajo se centran; casi todos los que conoces se detienen durante diez segundos aquí y allá para conectarse consigo mismos. Imagina que esto ocurre durante el tiempo suficiente como para que nadie recuerde un momento en el que las personas no se detuvieran a centrarse. Si así fuera, verías lo que hoy ves en la relación entre la cultura china y la práctica del taichí. El centramiento se convertiría en una norma cultural y en una práctica diaria.

Prueba el siguiente experimento mental. Imagina que el centramiento se ha convertido en una parte integral de nuestro entramado cultural. Tómate un momento para visualizar que las personas se centran con tanta comodidad como, por ejemplo, cuando sacan sus teléfonos móviles. Imagina, además, que las personas no solo se detuvieran a centrarse, sino que realmente se volvieran más centradas. Imagina esto como un fabuloso fenómeno cultural a nivel global. En este contexto, ¿te parecería más fácil seguir la práctica de los Diez Segundos Zen? Estoy seguro de que sí. Las cosas que son aprobadas por la cultura son infinitamente más fáciles de hacer que las que no lo son.

Lo que se ve rechazado por la cultura siempre requiere un esfuerzo especial e incluso un poco de heroísmo. Me gustaría que probaras el centramiento de diez segundos en este contexto cultural, en el que tu nuevo rol es el de pionero cultural. No solo estarás usando las invocaciones para ayudarte a ti mismo, sino que también estarás abriendo camino para los demás e iniciando una nueva norma cultural. Usa este manto de pionero cultural. Ayúdanos a todos a profundizar en nuestra experiencia de vida, calmar nuestros nervios y centrarnos.

Cómo centrarte estando a la vanguardia

JEAN

Tengo que decir que me sentía un poco perdedor hasta llegado este punto porque ni siquiera podía realizar esta sencilla actividad de diez segundos, pero estaba demasiado avergonzado para hacer algo al respecto. Al escuchar eso de las consideraciones culturales, me liberé bastante. Desde entonces he escrito la Secuencia de Centramiento y la he pegado en mi ordenador para, al menos, verla. Gracias por la indulgencia. Ahora sé que está bien empezar, incluso si me he quedado atrás, y también que no es una experiencia mística, sino una cuestión de tranquilizarse. Aunque estoy empezando, ya no me siento un fracasado por algo que solo requiere unos pocos segundos.

No subestiméis el poder de las imposiciones culturales, pues nos impiden avanzar. Para centrarte necesitarás salir de la cultura. Da ese gran paso.

RACHEL

Al padecer una variedad de enfermedades físicas y mentales, más que nada causadas por el estrés, había estado buscando una forma de comenzar a liberarlo poco a poco y permitir que llegara un ritmo más suave y centrado en mí. Así que pensé en probar el centramiento en diez segundos. Al menos, esa era la teoría. En su lugar, he estado ojeando las lecciones con la esperanza de que «me pondré a ello tarde o temprano». Incluso intenté tomarme un día libre para trabajar en ello y, aunque las invocaciones me resultaron útiles, no pude incorporarlas a mi vida diaria. Sin embargo, tu discurso de hoy ha despertado un interés más profundo en mí. Examino todo el tiempo los motivos sociales detrás del comportamiento de las personas y creo que lo has descrito con precisión. Aunque es emocionante estar a la «vanguardia» de una tendencia, a veces también puede ser un riesgo tan grande que resulta más fácil resistirse. Tú sugieres crear una comunidad de apoyo donde el centramiento sea la norma, apoyado por el Otro, en lugar de estar desconectado del Otro. Creo que por eso los grupos de meditación y yoga tienen tanto éxito. Vemos a otros luchando, intentando, practicando, y así nos sentimos validados para al menos intentar la práctica. El problema, claro, es que las reuniones son un ambiente muy especializado y a menudo puede ser difícil practicar fuera de ellas. ¿Qué significa esto para mí? Pues bien, desearía que el centramiento tuviera apoyo cultural. El cambio debe comenzar conmigo y el centramiento de diez segundos es solo una parte de un enfoque holístico completo que estoy intentando crear en mi vida.

El centramiento de diez segundos es una práctica individual. El centramiento grupal serviría de apoyo, sin duda, al igual que los grupos de Alcohólicos Anónimos apoyan la sobriedad individual y las clases de yoga apoyan la práctica individual. Pero, en última instancia, debes tomar lo que aprendes y lo que practicas en grupo y llevarlo al mundo. Si lo deseas, únete o comienza un grupo de centramiento de diez segundos, pero pon tu mente en la práctica individual.

THERESA

Creo que has dado en el clavo. A menudo me he sorprendido pensando que si estuviera rodeada de personas que se estuvieran centrando o meditando, no tendría ni la mitad de los problemas que tengo para hacerlo parte de mi vida. He oído hablar de los efectos de la conciencia grupal, pero a veces me resulta inquietante no ser lo suficientemente fuerte como para resistir los efectos de las normas culturales. Llevará un tiempo deshacer cuarenta años de lavado de cerebro. Me he sentido tan diferente y alienígena durante tanto tiempo que llevará un tiempo reemplazar «rara» y «extraña» por «pionera». Sin embargo, es una causa que vale la pena emprender. No creo que alguna vez deje de sentirme como una extraña en esta cultura, pero si logro sentirme como una inspiración para otras almas como yo, eso sería genial.

Puede que seas algo así como un forastero cultural. Los forasteros pueden quejarse o liderar. Lidera con el ejemplo. Céntrate con valentía en público. Si alguien te pregunta qué estás haciendo, responde: «Es mi práctica de centramiento». Si quieren saber más, enséñales.

JANICE

Hubo un tiempo en que pensaba que tenía prohibido hacer muchas cosas debido a las costumbres culturales. Luego creí que había superado esas restricciones, pero ahora no estoy tan segura. La idea de no solo ayudarme a mí misma a centrarme, sino también ayudar a otros y a nuestra cultura a estar más equilibrados es un concepto desafiante e intrigante. Si el centramiento de diez segundos puede ayudarme a estar más presente y a ser más efectiva en lo que hago —y hacer lo mismo por los demás—, ¿no sería maravilloso? La idea de introducir el centramiento de diez segundos para crear más cordura en el mundo es muy ambiciosa, un objetivo realmente grande. Es inspirador imaginar esa posibilidad.

Mantén la ambición de inspirar a los demás, pero comienza contigo. Liberarse de la cultura en la que estamos inmersos es un largo viaje, ya que cada anuncio y cada titular de noticias apoyan las normas culturales. Para comenzar este viaje, da el paso de apropiarte de una o dos invocaciones y usarlas durante el día.

FRANK

Soy un tipo conservador por naturaleza y tengo muy pocas reservas sobre cómo funciona esta cultura. Creo en nuestros principios y nuestras libertades, aunque tal vez seamos demasiado libres y me gusta que sigamos siendo una nación religiosa. Creo que tenemos más que conservar que cambiar, y que en realidad hay dos culturas: la que veo todos los días a mi alrededor, que es conservadora, y la que se presenta en la televisión y en las películas, que es diez veces más liberal que las personas que conozco. Pero no estoy en contra del centramiento de diez segundos. No lo veo como algo que socave los valores tradicionales ni como algo radical. No llamo a tus frases «invocaciones» —la magia no solo no forma parte de mi religión, sino que está expresamente prohibida—, pero ese es el único problema que tengo con el programa. Así que no es necesario ser un pionero cultural para obtener algo del centramiento de diez segundos. Puedes ser tan solo una persona normal y convencional.

No es necesario considerarte un pionero cultural para abrazar los Diez Segundos Zen, aunque adoptarlos puede convertirte en uno. Solo requiere deseo y práctica.

MARSHA

El pasado mes de noviembre dejé mi trabajo de supervisora en el gobierno, donde llevaba diecisiete años, para hacer un cambio importante en mi vida: convertirme en escritora a tiempo completo. La gente pensó que estaba loca y no se molestaron en ser educados al respecto. Me advirtieron que me iría a la quiebra, que estaría sola trabajando desde casa, que volvería porque echaría de menos el dinero. Pasé de ganar treinta y tres dólares la hora a ganar treinta y tres dólares al día. No he echado de menos ese agujero infernal ni una vez en siete meses y, en este momento, estoy cien por cien segura de que nunca volveré y nunca extrañaré el estrés ni las maquinaciones.

En esta cultura, trabajar doce horas al día, ir corriendo a todas partes y ser eficiente mientras atiendes montones de detalles minuciosos es digno de una medalla de honor. Y luego las personas se preguntan por qué tienen hipertensión, ataques al corazón, ataques de pánico y depresión. Por qué no pueden conectar con sus parejas, hijos y familiares. Por qué se sienten solos, como si Dios los hubiera abandonado. Yo pasé por eso y no volveré, aunque me consideren rara. Tengo la corazonada de que viviré más tiempo —o al menos seré más feliz mientras esté en la Tierra—. Ya no me importa si la gente piensa que soy rara; prefiero estar centrada y contenta. Creo que lo que has dicho sobre las cosas que son buenas para nosotros pero están prohibidas en nuestra cultura occidental contemporánea es muy cierto. Y, por supuesto, su ausencia en toda la cultura está relacionada con nuestros miedos a si la vida tiene significado o si es solo una mera casualidad cósmica. ¡Claro que sí! Muy pocas personas se toman el tiempo de considerar cuestiones profundas, de conectarse de manera significativa con otros, de considerar el hecho de que somos todos seres efímeros. ¿Cómo hacemos que el tiempo que estamos aquí y las relaciones con las personas que amamos sean significativas y enriquecedoras? ¡Seguro que no se logra sentándonos en el tráfico tocando el claxon, levantando los puños y maldiciendo a los demás que están en la misma situación!

Ayuda a quienes te rodean centrándote más tú mismo. No es fácil ser un pionero cultural, pero puede ser la experiencia más gratificante de tu vida.

28

Tu práctica de centramiento

El proceso de centramiento de diez segundos está diseñado para lograr varias cosas importantes en unos pocos segundos. Como es lógico, tendrás que juzgar por ti mismo si funciona bien y compararlo con las estrategias de centramiento que hayas utilizado. Si has probado otras estrategias, tómate unos minutos para reflexionar sobre cómo se compara el método de Diez Segundos Zen con esas técnicas. Por ejemplo, piensa si te gustaría agregar un componente físico, como el movimiento ritual que se emplea en yoga y taichí, a tu rutina personal de centramiento. ¿Te gustaría agregar un componente breve de relajación, tan simple como frotarte el cuello o visualizar una escena tranquila? A lo largo de este libro te he pedido que personalices el centramiento en diez segundos, y una excelente forma de hacerlo es añadir características que hagan que el proceso sea mejor para ti.

ELAINE

En el pasado utilicé un método de centrado que requería escuchar una grabación de diez minutos que ayudaba a relajar todo el cuerpo, de los pies a la cabeza, e incluía imágenes visuales para poner la mente en un lugar bonito. Otra práctica incluía repetir cinco veces las afirmaciones que eligiera. Para mí, la principal fortaleza del centramiento de diez segundos es su brevedad, además del sentido de cada invocación. De hecho, en cuanto empecé a usar las invocaciones, comencé a enfocarme de inmediato en las cosas que quería lograr; no tenía que pasar por todo un conjunto de prácticas de relajación antes de hacerlo. Creo que todos los métodos que he utilizado antes han sido efectivos a su manera, pero la simplicidad y la profundidad del centramiento en diez segundos lo distinguen de otras prácticas. Así que no siento la necesidad de agregar nada al proceso, ya que está funcionando de maravilla tal como está.

VERÓNICA

En el pasado, la técnica de centramiento que más usaba era tomar un descanso de visualización en el que me imaginaba en un lugar exótico y relajante. Cerraba los ojos y sentía cómo el sol brillaba en el cielo, mientras visualizaba raíces que brotaban de las plantas de mis pies y penetraban profundamente en la tierra. Esta técnica no incluía conciencia de la respiración y no había pensamientos específicos asociados con el ejercicio, aunque después de «transportarme» a este lugar de vacaciones a veces me concentraba en una afirmación. El «enraizamiento» tiende a darme una sensación general de conexión con la tierra y a veces es agradable tener una aventura imaginaria. Pero el centramiento de diez segundos tiene sus propias virtudes. Lo que me gusta en particular es que se puede hacer en cualquier lugar. No es necesario cerrar los ojos, no es notorio que lo estás practicando y no se tarda mucho tiempo. Cumple su función muy bien y ofrece una amplia flexibilidad para la personalización. Pero creo que podría agregar el componente de visualización, ¡ya que echo de menos esas minivacaciones!

RHONDA

Ayer llegué a la oficina y encontré a una compañera de trabajo en un estado de ansiedad total. En lugar de regañarla, la tranquilicé con una dosis rápida de Reiki en la parte posterior del cuello durante cinco minutos, mientras yo repetía mentalmente el mantra: «Me detengo por completo». Fue como si mis pensamientos pudieran conectarse con los suyos y ella, de alguna manera, pudiera absorber la Invocación 1 de esa forma, sin que yo tuviera que decirla en voz alta. Pensé todas las invocaciones mientras le hacía Reiki y, una vez que estuvo relajada y lista para volver al trabajo, le dije que, siempre que sintiera esa ansiedad abrumadora, solo tendría que pensar «Me detengo por completo» e inhalar. Ni siquiera mencioné exhalar, porque eso es una respuesta física automática que debe ocurrir. Al final del día, me dijo que se sintió genial todo el día y que, cuando sentía que su frustración aumentaba, pensaba en mis manos haciendo Reiki en su cuello y la frase: «Me detengo por completo». Como maestra de Reiki, el centramiento es una parte importante al comenzar una sesión con un estudiante, pero debe enseñarse y aprenderse, porque la persona promedio no se da permiso a sí misma para «detenerse» ni siquiera un momento. Aquí es donde creo que el centramiento de diez segundos puede ser muy efectivo. Es rápido. Es fácil. Funciona. Es tan simple como respirar. Tengo la intención de incorporarlo en mis enseñanzas de Reiki y mucho más.

MARTHA

He probado la meditación Vipassana y parece tener la ventaja de no promover el pensamiento. Pensar es lo mío y tengo los problemas existenciales y las frustraciones para demostrarlo.

También he probado a repetir mantras, repetir palabras, cantar, practicar yoga, escribir en mi diario, caminar, trabajar con la respiración y muchas otras cosas. Todas funcionaron en cierta medida, y mis mejores resultados con algunas de ellas parecían ocurrir mientras conducía. Pero no utilicé ninguna de ellas de manera consistente para establecer el hábito o la práctica. Las invocaciones tienen fortalezas que estas otras prácticas no tenían. Me encanta su inmediatez y que no es necesario dedicar mucho tiempo ni contar con el espacio privado requerido para la meditación. Puedes usarlas frecuentemente a lo largo del día porque requieren menos preparación mental y física y pueden integrarse en tu día sin planificación anticipada. También opino que los pensamientos son muy tranquilizadores y le dan a mi mente inquieta algo en qué concentrarse, lo que en realidad me ayuda a estar mucho menos distraída.

Aunque quieras adquirir estrategias adicionales de centramiento, la técnica de los Diez Segundos Zen puede servirte como régimen completo por sí mismo. Personalízalo para que se ajuste a tus necesidades y luego practícalo hasta que se convierta en un hábito. Tu objetivo es saber cuándo detenerte por completo cuando eso es lo que te ayudará a centrarte, a confiar en tus recursos cuando confiar en ellos sea lo que necesites, y así sucesivamente. En el transcurso de una sola respiración profunda puedes calmar tus nervios, ordenar tus pensamientos y prepararte para cualquier desafío.

No preocuparse por fracasar

Si el centramiento de diez segundos tiene sentido para ti, ¿por qué no intentarlo? Tal vez porque temes fracasar. ¿Cuántas veces has roto promesas, abandonado dietas o no has logrado levantarte una hora más temprano para hacer ejercicio? Todos tenemos el mismo pasado lleno de altibajos y los mismos recuerdos de tropiezos.

Perdónate ahora mismo si no has incorporado los Diez Segundos Zen a tu vida y mantén la mente abierta a la posibilidad de que aún puedes intentarlo. Libérate de la culpa y el dolor del pasado y pon los pies en un terreno positivo y optimista.

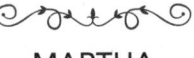

MARTHA

Dejar cosas en el pasado hace que sea mucho más difícil seguir con cosas nuevas. Siento que ya estoy comenzando con una desventaja, pues aun cuando decido que quiero probar algo nuevo, ya estoy casi convencida de «¿para qué molestarse? Sabes que nunca lo lograrás». También sé que si lo empiezo y no lo termino, me sentiré aún peor, así que es un gran incentivo para ni siquiera intentarlo. Es muy difícil perdonarme por esos comportamientos pasados. Creo que incluso veo el perdón como una especie de blanqueo o una forma de poner excusas. Parece que pienso que perdonarme de alguna manera es decir que está bien ser volátil y no hacer lo que digo que voy a hacer. Todo esto está relacionado con «mi palabra», «decir la verdad» e incluso con «la integridad». Me castigué mucho por fracasos pasados y no tenía idea de hasta qué punto estaba haciendo eso. Como sugieres, abordaré el centramiento de diez segundos de una manera diferente, más relajada y optimista.

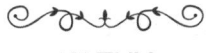

KATHY

Me estoy dando un gran crédito por hacer las invocaciones a diario. Reconozco esto como un gran logro porque he abandonado muchos, muchísimos proyectos y planes. El recuerdo de esos «fracasos» reduce la esperanza de una persona de poder tener éxito. Recuerdo demasiados intentos de comer saludable, de hacer ejercicio con regularidad y demás. Algunas cosas que abandoné, como el violín a los once años, no han tenido mucho impacto en mí, pero otras cosas, en especial ciertas personas, han tenido un impacto profundo. Tiendo a abordar las cosas nuevas con un miedo (casi con expectativa) de que repetiré el pasado. Y cuando repito el pasado y fracaso en algo, me siento muy decepcionada conmigo misma. Para mí, es casi imposible perdonarme por haber abandonado esas cosas. Así que estoy muy contenta de haber seguido con el centramiento en diez segundos. Probablemente ayuda que sea simple y que solo requiera diez segundos. ¡Tal vez esté diseñado para ser infalible!

Tu camino hacia el centramiento

Espero que hayas disfrutado aprendiendo sobre los Diez Segundos Zen. Sé que mis clientes de *coaching* y los participantes de mis investigaciones se benefician al aprender sobre esto y ponerlo en práctica. Algunos han experimentado pequeños problemas en el proceso, como que les ha llevado tiempo encontrar las invocaciones que mejor funcionaban para ellos o que ha sido un desafío convertir el proceso en un hábito. Pero estos pequeños problemas no les han impedido practicar el centramiento de diez segundos y, con el tiempo, llegar a valerse de él.

Nunca es tarde para comenzar una práctica de centramiento. Prueba los Diez Segundos Zen hoy mismo. Como mínimo, elige una invocación que resuene contigo y hazla tuya. Esta técnica de centramiento simple pero poderosa marcará una diferencia profunda y positiva en tu vida.

Sobre el autor

Eric Maisel es autor de más de cincuenta libros, entre ellos *The Magic of Sleep Thinking, The Future of Mental Health, Rethinking Depression, Why Smart People Hurt, Toxic Criticism, Creative Recovery* y *Fearless Creating*.

Maisel se ha retirado como terapeuta familiar y en la actualidad es *coach* creativo y defensor de la salud mental en áreas de psicología y psiquiatría críticas. Es el autor del blog «Rethinking Mental Health» para *Psychology Today* y de la columna «Coaching the Artist Within» para *Professional Artist Magazine*, así como editor de recursos para padres en *Mad*, Estados Unidos. Imparte conferencias por todo el mundo, ofrece talleres de escritura profunda en Esalen Institute, Omega Institute y Kripalu Yoga Center, y presenta temas de debate en la International Society for Ethical Psychology and Psychiatry (Sociedad Internacional de Psicología y Psiquiatría Ética).

Desde su residencia en la zona de la bahía de San Francisco, el doctor Maisel ofrece prácticas de *coaching* en todo el mundo vía telefónica y por Skype. Puedes descubrir más sobre sus libros, formaciones, talleres, programas y servicios en www.ericmaisel.com, www.ericmaiselsolutions.com y www.thefutureofmentalhealth.com. También puedes contactarle en ericmaisel@hotmail.com.